U0755219

行政事业单位财务管理研究

梁学工　单　智　著

延吉·延边大学出版社

图书在版编目（CIP）数据

行政事业单位财务管理研究 / 梁学工 , 单智著 . --

延吉：延边大学出版社 , 2023.9

ISBN 978-7-230-05442-3

Ⅰ . ①行… Ⅱ . ①梁… ②单… Ⅲ . ①行政事业单位

—财务管理—研究—中国 Ⅳ . ① F812.2

中国国家版本馆 CIP 数据核字（2023）第 170348 号

行政事业单位财务管理研究

著　　者：梁学工　单　智

责任编辑：李鹏飞

封面设计：文合文化

出版发行：延边大学出版社

社　　址：吉林省延吉市公园路 977 号　　邮　编：133002

网　　址：http://www. ydcbs. com　　E-mail：ydcbs@ydcbs. com

电　　话：0433-2732435　　传　真：0433-2732434

印　　刷：廊坊市印艺阁数字科技有限公司

开　　本：787 毫米 ×1092 毫米　　1/16

印　　张：10.75

字　　数：200 千字

版　　次：2023 年 9 月第 1 版

印　　次：2024 年 1 月第 1 次印刷

书　　号：ISBN 978-7-230-05442-3

定　　价：50.00 元

前　　言

　　行政事业单位承担着社会执法监督职责、社会管理职责和公共事业发展职责，对建立社会公共服务体系、维持社会经济秩序起着重要作用。行政事业单位的财务管理工作，是行政事业单位组织财务活动、管理财务业务、处理财务关系的经济管理工作，是规范行政事业单位经济活动的重要手段，也是行政事业单位不可缺少的管理方式。

　　目前，我国的行政事业单位正经历着由功能型向服务型、管理型、绩效型逐步转换的变革，而财务管理的变革作为变革的重要环节对行政事业单位的成功转型具有十分关键的作用。制度的创新、事业的发展、环境的变化以及公共事业管理体制改革的日益深化，对完善行政事业单位财务管理制度、严格预算管理、加强财务监管和运行监督提出了更加迫切的要求。加强行政事业单位财务管理，适应制度调整和管理方式转变的需求，提高资金使用效能，是改革的必然选择。

　　本书比较全面、系统地阐述了行政事业单位财务管理的基础知识、程序和方法，在保持财务管理体系完整性的同时，在内容的选择上分清主次、突出重点、循序渐进，力求体现内容的先进性、科学性和完整性，力求叙述简洁、脉络清晰、通俗易懂。本书深入阐述了行政事业单位财务管理与财务会计基础知识，具体内容包含政府会计改革、行政事业单位会计及其特点等，重点研究了行政事业单位的预算管理、收入管理、支出管理以及资产管理，突出反映了行政事业单位财务改革与管理工作的最新理论与实践成果，既有一定的理论深度，又有较强的可操作性。本书力求为读者提供帮助，书中内容可供相关人员阅读参考，以提升其发现问题、分析问题和解决问题的能力。

　　本书在撰写的过程中，参阅了大量的文献资料，引用了诸多专家和学者的研究成果，在此表示最诚挚的谢意。由于作者水平有限，书中存在的不足之处，敬请各位专家、学者及广大读者批评指正。

目录

第一章　行政事业单位财务管理概述

第一节　行政事业单位财务管理的含义与特征

一、行政事业单位财务管理的含义

行政事业单位财务管理是指行政事业单位按照国家有关部门的方针、政策、法规和财务制度的规定，有计划地筹集、分配和运用资金，对行政事业单位的财务活动进行核算、监督与控制，以保证事业计划及任务全面完成的一系列管理活动的总称。

行政事业单位是行使国家赋予的一定权力，具有一定的政府职能、负责管理社会公共事务的组织机构。行政事业单位财务管理是客观存在于行政主管部门、行政事业单位业务工作和经营活动中的资金运动及其所体现的国家与单位、单位与单位，以及单位内部的经济关系，它是行政事业单位管理的重要内容。行政事业单位财务管理必须与行政事业单位的发展相适应。

财务管理是一个动态的概念，在不同时期有不同的时代特征与时代要求。在新的条件下，行政事业单位财务管理要与时俱进、结合实际、科学依法。

行政事业单位加强财务管理，具有以下几个方面的作用：

（一）全面反映行政事业单位中以各种形式存在的资产

行政事业单位中，无论是以实物形态存在的资产，还是以非实物形态存在的资产，都具有使用价值和价值，都需要予以确认。现行《行政单位财务规则》和《事业单位财务规则》均明确了资产的概念，对财务管理进行了比较系统、明确的规定，对行政事业单位对外投资管理进行了规范和加强。行政事业单位在此基础上加强财务管理，引入资产的概念，并在使用价值和价值上对行政事业单位的资产予以确认，能够使行政事业单位中以各种形态存在的资产得到全面的反映，有利于行政事业单位加强对资产的全方位管理，更好地发挥资产的作用和效益。

（二）提高行政事业单位资金效益，强化资金管理

实行会计集中核算后，支出单位的财政资金集中在会计核算中心的单一账户上，有利于财政部门对资金进行统一调度和管理，有利于提高资金的使用效益。同时，通过实行会计集中核算，财政部门能够全方位、全过程掌握和监督各行政事业单位每笔资金的流向。

财务部门严格执行财务制度及有效的支出约束机制，预算编制坚持"以收定支、收支平衡、统筹兼顾、保证重点"的原则，合理、科学地安排收支，能够有效控制行政事业单位支出。

（三）促进行政事业单位履行职能

行政事业单位要发挥职能，就需要资金，而资金如何预算、如何使用，离不开财务管理。财务部门在进行控制和监督的过程中，能够发现问题并及时反馈给决策者，帮助其改进工作方法，以保证其顺利履行职能。

（四）健全行政事业单位财务管理制度

加强财务管理，有助于行政事业单位健全财务管理制度加强财务制度建设，建立有效的支出约束机制。财务部门根据本单位的业务特点、管理要求、资金运动、人员配置等，制定规范、合理、人性化的制度，做到有章可循，强

化会计监督，有利于减少和杜绝违规、违纪行为的发生。

二、行政事业单位财务管理的特征

行政事业单位财务是国家整个财政体系的重要组成部分，同时也是部门或单位的财务工作，这决定了行政事业单位财务管理具有自己的特点。

（一）政策性强

行政事业单位的资金来源主要依靠财政拨款，其支出是一种无法完全通过自我资金循环和周转补偿的消耗性支出。因此，行政事业单位资金的筹集、运用和管理方式都带有很强的政策性。行政事业单位财务是国家有关方针政策的体现，它的一收一支都直接关系到国家政治、文化建设和群众的切身利益，关系到行政事业单位计划的实现。因此，行政事业单位在办理各项收支业务时，要严格把握收支范围和收支标准，严格执行各项财务规章制度及财经纪律。

（二）以预算管理为中心

预算管理是指单位为了实现确定的经济目标或者管理目标，利用预算编制、预算执行和预算考核等手段进行的相关财务活动。对行政事业单位而言，其开展预算管理活动是为了合理、适时地向社会提供公共产品及服务。单位预算管理主要从预算的编制和预算的执行两个方面进行。通过实施预算管理，行政事业单位能在发生耗费或者支出最小的情况下，实现其社会职能。预算管理活动的有效实施对单位目标的实现具有重要影响，合理、科学地实施预算管理可以帮助单位实现资源优化配置，对单位各项管理制度的实施和综合管理水平的提高有重要的帮助。

预算管理是公共组织财务管理的核心内容，也是行政事业单位财务管理的中心环节。

（三）财务类型不同，管理办法多样

行政事业单位种类多，业务特点各不相同，财务收支状况也有很大差别。

为了适应这些特点，国家对不同类型的单位实行不同的财务管理办法。在财务制度上，国家制定了适用于各类行政单位的《行政单位财务规则》和适用于各类事业单位的《事业单位财务规则》。同时，为了适应一些行业特点突出的事业单位财务管理的需要，国家制定了科学事业单位、高等学校、中小学校、文化事业单位、文物事业单位、体育事业单位、广播电视事业单位、计划生育事业单位、农业事业单位等分行业事业单位财务制度。在拨款的形式和数额上，国家根据各类行政事业单位的不同情况，分别实行不同的供应资金方式。有的实行定额拨款，有的实行定项拨款，有的拨款多，有的拨款少，有的财政不拨付经费；非财政补助收入大于支出较多的事业单位，还可以实行收入上缴办法。在内部财务管理上，行政事业单位还要根据各自财务管理的不同要求，在执行国家统一的财务制度的前提下，制定在单位内部实行的财务管理办法。

（四）财务管理体系比较简单

行政事业单位财务管理体系比较简单，最主要的原因是其资金来源单一，主要是财政拨款。虽然随着体制改革的深入，事业单位更多地面向市场、参与市场竞争，也越来越多地吸收了社会资金，但财政拨款和补贴仍然是现阶段绝大多数事业单位主要的资金来源渠道。这种单一的资金来源，管理事项少、难度小，且资金提供者并不追逐所提供的资金获得的经济收益，资金管理采用会计集中核算，并执行以财政预算为主的财务核算体系，做好预算编制、执行与评估，以及内部控制、财务监督等重点工作即可，财务管理体系相对简单。

（五）兼顾效率和公平

财务管理的本质是提高资金使用效率，实现价值增值。虽然行政事业单位开展业务活动的目的是执行或提供社会管理或公益职能，没有直接的经济目的，但同样需要讲求效率，追求费用最低化、回报最高化以及正的净现值等目标。只有这样，行政事业单位才能充分利用公共资源，为社会提供更好的公共服务。当然，行政事业单位的效率目标可能会与组织的其他目标产生矛盾，因此行政事业单位在确定财务管理目标、制定财务决策时要兼顾效率和公平。

第二节 行政事业单位财务管理的目标、任务和原则

一、行政事业单位财务管理的目标

行政事业单位是以实现社会公益而不是以追求利润最大化为宗旨的非营利性组织，其财务管理目标应服从组织宗旨。行政事业单位财务管理的目标具体体现为以下三个层次：

（一）保障公共资源的安全完整

保障公共资源的安全完整是财务管理的初级目标，就是通过科学编制预算，统筹安排、节约使用各项资金，建立健全公共部门的内部控制制度，加强资产管理，保障预算的严格执行，防止资产流失和无效投资。

（二）提高资源使用效率和价值

提高资源使用效率是财务管理的中级目标，就是通过绩效管理、成本控制、资产管理等手段，帮助公共部门科学决策，合理配置和使用资源，注重资源的投入、产出分析，提高资源的使用效率。

（三）实现效率与公平的统一

实现效率与公平的统一是财务管理的高级目标，就是通过财务管理活动，帮助单位科学有效地组织、分配财务资源，为社会公众提供更好的公共产品和服务，实现"效率"与"公平"的统一。

二、行政事业单位财务管理的任务

行政事业单位财务管理的任务是：依法筹集并合理、有效地使用资金，对各项财务活动实施有效的综合管理，具体体现如下：

（一）加强公共组织预算管理，保证各项事业计划和工作任务顺利完成

根据国家有关规定，实事求是、科学合理地编制单位预算，并严格执行审批后的预算，做好预算管理工作。

（二）加强收支管理，提高资金使用效率

加强收支管理，增收节支，合理安排资金，有效利用资金，提高资金的使用效益。

（三）加强资产管理，防止国有资产流失

贯彻"统一领导，分工管理，层层负责，合理调配，管用结合，物尽其用"的原则，防止资产闲置。

（四）建立健全财务制度，实现公共组织财务管理的规范化和法制化

根据财政部门及上级主管部门制定的财务制度，在本单位领导的直接领导下，建立内部财务制度，健全财务机构，切实做好核算管理、计划管理等各项工作。

（五）按规定及时编报决算，如实反映公共组织财务状况

在规定的时间内，真实、完整地编报决算，是行政事业单位财务管理的重要任务。

（六）加强财务分析与财务监督，保证公共组织各项活动的合理性与合法性

建立一套符合本单位特点的财务分析体系，运用各种分析方法，对财务活动的各个方面进行全面分析，提出改进意见和措施。财政部门、上级主管部门和单位领导还要科学地运用各种监督手段，对各项财务活动的合法性、合理性、真实性及财会数据的准确性、完整性等进行监督。

三、行政事业单位财务管理的原则

行政事业单位财务管理的原则与企业财务管理的原则不同，这主要是由行政事业单位的性质决定的。企业是自筹资金并进行经营活动的，而行政事业单位多是靠国家拨款（补助）；企业经营的目的是获得利润，而行政事业单位开展业务活动的目的并不在于获利，而是为了完成行政任务和事业计划。行政事业单位财务管理的基本原则如下：

（一）依法管理原则

依法管理是行政事业单位财务管理应遵循的最基本的原则。行政事业单位应在全面协调、统一的前提下，依照相关法律法规，按照管理资产与管理资金相结合、使用资金与管理资金相结合、管理责任与管理权限相结合的要求，实行各级、各部门共同承担责任的财务管理制度，以调动全体员工参与管理的积极性，将各项管理措施落到实处、务求实效。

（二）现金收支平衡原则

贯彻收付实现制，客观上要求在财务管理过程中做到现金收入（流入）与现金支出（流出）在数量上、时间上保持动态平衡。

（三）突出重点原则

管理主体可以根据财务管理的整体情况，根据重要程度和紧迫程度进行排列组合。对于多数单位而言，在各个发展时期，全面、系统地查找财务管理过

程中存在的问题是有效开展财务管理工作的首要前提。管理主体必须综合分析影响财务管理的各种内、外环境要素，以发现在财务管理过程中，哪些工作是需要马上解决的、需要着重考虑的，哪些工作是可以暂缓的、不需要投入大量精力的，从而发现财务管理中存在的问题，并找出解决的途径和办法。

（四）前瞻性原则

财务管理要以单位的发展战略为基础，根据发展战略制定、实施、评价和优化的实际情况，合理制订计划，紧扣发展走向，卓有成效地开展相关活动。从目标层面看，财务管理的主要任务之一是为单位持续、健康发展提供有价值的财务信息，这些信息大致分为"判断导向"和"发展导向"两种类型，判断导向的评价强调的重点是过去的绩效，为判断应该纠正哪些方面和如何有效地衡量已实施的财务管理提供基础。发展导向的评价更多关注的是改进未来的绩效，确保绩效预期清晰明确，识别通过相关评价的基本方法，一方面修正和调整财务管理的基本内容；另一方面改进现有的管理方式和方略，进而提高管理绩效和水平。

（五）适应性、可操作性原则

适应性原则是一项制度的生命。制定的制度必须符合单位实际，不能照搬硬抄《中华人民共和国会计法》《政府会计制度》或其他单位的管理方法和管理模式，而要与单位其他管理制度相衔接。单位内部财务制度的条文在表述上应尽量通俗易懂，操作方便，并与日常会计核算的实务紧密联系；要按单位实际情况，对有关内容、程序、权限等进行明确规定，使单位会计流程中的各个环节都有章可循、规范有序。

（六）监督性原则

对每项重要经济业务都要进行事前、事中、事后的全过程控制，以便及时掌握和归集所需信息。对会计账目列示方式、财务报告的披露方式，要有具体详尽的规定。

第三节　行政事业单位财务管理的内容

由于行政事业单位财务活动的特殊性，行政事业单位财务管理的内容十分广泛，不仅包括对公共资金的管理，还包括对各种公共资源的管理，主要内容如下：

一、预算资金管理

行政事业单位预算资金管理是指行政事业单位根据行政事业活动计划和任务编制的年度财务收支计划。行政事业单位属于非物质生产部门，是非营利性组织，以实现社会效益为宗旨，向社会提供生产性或生活性服务，其资金大多直接或间接来自纳税人及其他出资者，力求做到收支平衡。行政事业单位的性质及资金来源和支出渠道，决定了其资金管理目标及地位的特殊性。预算管理是对行政事业单位进行财务监管所使用的主要手段，通过预算编制可以提高组织对未来事务的预见性、计划性，规范组织的财务收支活动。预算审批特别是政府部门的公共预算审批，实质上是民主参与公共资源分配决策、提高公共组织财务透明度的一种形式，是对公共组织财务活动的一种事前控制。

行政事业单位预算由收入预算和支出预算组成，包括短期的现金收支预算、长期的资本支出和长期的资金筹措。具体来讲，行政事业单位预算的内容主要包括以下方面：收入预算，包括财政拨款收入、财政补助收入、上级补助收入、事业收入、经营收入、附属单位上缴收入和其他收入；支出预算，包括事业支出、经营支出、对附属单位补助支出和上缴上级支出。支出预算按其性质可以细分为：① 维持单位管理和服务工作正常进行所需的日常经费，包括人员经费和公用经费，即经费预算；② 单位专项业务活动所需的业务事业费，包括各部门的部门业务费和单位总体业务工作活动费，即业务预算；③ 对下属单位的专项补助；④上缴上级的支出。

行政事业单位的整个预算体系均应有相应完善的预算管理组织机构，相应的授权、分权、资金监控，预算调整审批制度和程序。财务预算管理对照预算指标，应及时总结预算执行情况、计划差异、分析原因、提出改进措施、协调各方关系，有计划、有步骤地将单位的长期战略规划、短期策略和发展方向有机结合并予以具体化。

二、收入与支出管理

收入一般是指行政事业单位为开展业务活动和完成公共任务，依法获取的非偿还性资金。支出一般是指行政事业单位为开展业务活动和完成公共任务而发生的各项资金耗费与损失。行政事业单位的收入大多是靠公共权利强制获得，支出与收益也不存在明显的配比关系。因此，行政事业单位财务管理应更加关注组织收入与支出活动，合理确定收入规模，规范收入来源，优化收入结构，正确界定公共支出范围，规范支出活动，建立合理的理财制度。行政事业单位收支财务管理制度一般包括以下几个方面：

（一）内部控制制度

在行政事业单位内部科学地设置职务和岗位，使不相容的职务和岗位分离，形成部门和人员间相互牵制、相互监督的机制，预防在资金收支活动中的资金流失，以及资金被侵占、挪用、转移和贪污等问题的发生。

（二）财务收支审批制度

建立健全行政事业单位财务审批制度是部门财务管理工作的关键环节，全方位建立内部财务控制体系，能够在一定程度上保证组织收支的规范化。

（三）内部稽核制度

行政事业单位应建立内部监督审查制度，定期对组织资金的收支情况进行监督审查，及时发现问题，防止资金管理方面的漏洞。

三、成本管理

虽然行政事业单位主要是为公众利益服务的,但这并不代表其不注重成本与效益问题。行政事业单位成本管理应包括以下内容:① 综合成本计算。寻找成本驱动因素,按驱动率分配管理费,并归集到相应的职能、规划、项目和任务中,以便在资源成本率和资源用途之间、成本和业绩之间构建联系,从而明确各自的责任。② 活动分析和成本趋势分析。对政府项目及其运作流程进行分析,寻找较低成本的项目和能减少执行特定任务的成本的途径。③ 目标成本管理。恰当地制定和公正地实施支出上限,合理控制业务成本。④ 将成本同绩效管理目标联系起来,实施绩效预算和业绩计量。

四、债务管理

债务是指以行政事业单位为主体所承担的需要以公共资源偿还的债务。从财务管理的角度实施行政事业单位债务管理,主要应包括以下几个方面内容:① 建立财务风险评估体系,合理控制负债规模,降低债务风险。行政事业单位为解决资金短缺或扩大业务规模等问题,可以适度举债,但由于行政事业单位不以营利为目的,偿债能力有限,因此其需要建立财务风险评估体系,根据组织的偿债能力,合理控制负债规模,降低债务风险。② 制定偿债准备金制度,避免债务危机。③ 建立科学的核算制度,全面、系统地反映行政事业单位债务状况。

五、资产管理

资产是行政事业单位提供公共产品和服务的基本物质保障。资产管理的主要内容如下:① 编制资产预算表。行政事业单位应在编制预算的同时编制资产预算表,说明组织资产存量及其使用状况、新增资产的用途、预期效果等,以便预算审核部门全面了解组织资产状况,对资产配置做出科学决策。② 建立健全资产登记、验收、保管、领用、维护、处置等规章制度,防止资产流失。

③ 建立公共资产共享制度，提高公共资产的利用效率。④ 完善资产核算和信息披露制度，全面反映公共组织的资产信息。

第四节　行政事业单位财务管理的方法

财务管理方法是财务人员完成既定财务管理任务的主要手段。简单地说，就是财务人员用来进行资金运动管理的各种技术方法的集合。具体而言，财务管理方法是财务管理人员针对业务目标，借助经济数学和电子计算机的手段，运用运筹论、系统论和信息论的方法，结合财务管理活动的具体情况，对资金的筹集、资金的投入、成本费用的形成等管理活动进行财务预测、财务决策、财务控制、财务计量、财务分析、财务报告和财务监督的技术。

一般来说，财务管理方法可分为定性方法和定量方法两大类型。

定性方法，是指依靠个人主观经验、逻辑思维和直观材料进行分析、判断，开展管理活动的方法。常用的方法有：个人判断法、集合意见法、德尔菲法（专家调查法）、市场调查法。定量方法，是指运用数学方法，通过预测模型进行计算来得到预测结果的方法。

定性和定量两种方法在财务管理过程中都不可缺少，不可偏废。但长期以来，我们偏重采用定性方法，忽视了定量方法。其实，定量方法和定性方法一起构成了财务方法体系，而且在这个体系中，定量方法占有重要地位。

一、财务预测与决策方法

财务预测与决策是进一步强化财务管理的前提，在财务管理体系中居于核心地位。财务预测是指在现有财务资料的基础上，估计未来财务状况及财务指标。预测方法主要有因素分析法、比例法、期末余额法、直接计算法、量本利分析法等。

财务决策是在财务预测的基础上进行的，它依据财务预测资料及其他相关信息，决定实施方案和财务目标。决策方法主要有优选对比法、数学微分法、线性规划法、决策树法、图表和损益决策法、综合平衡法等。

二、财务预算与计划方法

财务预算是在计划期内预计业务经营成果、现金收支及财务状况的预算，是全面预算管理的一个重要构成部分，也是财务管理工作的一个重要环节。预算方法主要有增量预算法、零基预算法。财务计划方法是组织财务活动的纲领性方法，主要有余额法、平衡法、定额法等方法。

三、财务控制方法

财务控制方法是指在财务管理过程中采取特定的手段影响和调节财务活动，从而确保实现财务目标的一系列方法。一般来说，财务控制方法有以下三种：

（一）防护性控制（排除干扰法）

在运用这种控制方法前，应制定一系列诸如内控制度的配套制度及各种开支标准，以消除资金运转过程中可能出现的偏差，充分保证资金的安全性和完整性，同时做到努力节约各种费用开支。

（二）前馈性控制（补偿干扰控制）

在掌握大量可靠信息的条件下，通过密切监控并科学预测实际运行系统可能出现的问题，积极采取相关措施，控制并消除差异。

（三）反馈控制（平衡偏差控制法）

平衡偏差（平衡实际产生的偏差）的过程可能有一定的滞后性，但整体来看影响不大。我们应当在认真研究实际情况的基础上，分析并找出实际情况与计划相背离的原因，继而采取有效措施调整相关财务活动，消除差异并努力避免以后发生类似现象。

四、财务分析与考核方法

财务分析是指依据财务信息，采用特定方法分析和评价财务活动及结果，全面掌握财务指标的完成情况及财务活动的相关规律。常用的财务分析方法有财务比率综合评价法、杜邦分析法、因素分析法等。

财务考核是通过比较规定的考核指标与报告期内财务指标的实际完成数，从而确定有关责任部门及个人任务完成情况的活动。财务考核形式多样，主要有适合考核某些财务成果指标和固定性费用的开支的"绝对指标考核"，适合综合考核多种财务指标的"评分考核"，适合考核某些在基期的基础上要求增减若干数量财务指标的"指标完成百分比考核"，适合考核变动性较大，而又有一定变动规律的财务指标的"相对指标考核"等。

第五节 行政事业单位财务管理的创新

财务管理创新是指财务管理在实现了量的渐进积累之后，由于相关因素的影响和改变，实现了质的飞跃，这一交替演进过程就是财务管理的继承和创新过程。

新形势下，生产要素、生产组织方式、财产占有及分配方式等都将发生重大变革，行政事业单位的财务管理环境将会出现巨大变化。因此，行政事业单位财务管理创新很有必要。

外部必要性：① 行政事业单位改革的深入需要财务管理创新；② 经济全球化需要行政事业单位财务管理创新。

内部必要性：行政事业单位财务内部管理存在的问题迫切要求财务管理

创新。①制度方面的问题。一是财务管理制度基础薄弱；二是财务审计和监督工作制度存在漏洞。②管理观念的问题。一是缺乏市场竞争的观念；二是缺乏防范风险的观念；三是缺乏依法理财的观念。③人才素质的问题。部分财务人员素质偏低，难以适应新形势的需要。

新形势下，行政事业单位财务管理创新，可以采取以下几个方面的对策：

一、财务管理观念的创新

加强认识，转变理财观念。认识并充分利用知识资本，是行政事业单位建立自我约束、自我发展良好机制的有效办法。行政事业单位财务人员要认识到财务管理不但是财务部门的工作，而且是整个系统或单位内部各项资源的最优整合，它是一个系统工程，它的战略性和系统性要求各职能部门共同参与。

（一）增强法律意识，树立依法理财的观念

严格执行财务规则和会计制度，用法律法规来规范财务管理和会计核算工作。行政事业单位的领导干部要加强对财经法规的学习，切实依法进行财务管理。

（二）培养市场观念

行政事业单位的财务人员要有面向市场、开源节流的意识，主动参与单位的各项管理和业务工作，行政事业单位应利用单位现有的人才、信息和科技优势，提供有偿服务。同时，行政事业单位要善于围绕市场发展事业，关注市场需求，并根据市场需求合理调整资金配置，提高资金的有效利用率。

（三）树立财务风险意识

新形势下，行政事业单位首先要增强财务人员的风险意识，提高财务人员的风险控制能力，将财务人员风险意识的培养同岗位责任挂钩，加大财务人员风险管理培训力度。其次，要根据本单位的实际情况建立风险预警机制，有效把握和预测可能出现的风险。

（四）树立"以人为本"理念

行政事业单位应增加人力资源投资，围绕人的价值管理来开展财务管理，充分调动人的积极性、主动性和创造性，提高财务人员的整体素质，这是行政事业单位实现财务管理目标的根本保证。

（五）增强沟通与合作意识

信息网络化和经济全球化使各种资源实现全球配置、全球共享。这必然要求行政事业单位加强内部与外部的沟通与合作。财务管理人员在管理过程中要善于抓住机遇，灵活地处理和协调单位内部，以及单位与其他单位之间的合作关系，提高工作效率。

二、财务管理目标的创新

行政事业单位财务管理目标的创新主要体现在以下三个方面。

（一）国库集中支付

国库集中支付是指以国库单一账户体系为基础，资金拨付以国库集中支付为主要形式，所有财政性资金都通过国库单一账户体系进行拨付、结算的一种财政资金管理制度。它实现了从预算分配、资金拨付、资金使用、银行清算直至资金到达商品和劳务者账户的全过程监控。

（二）完善政府预算体系

研究并完善政府会计制度，探索实施中、长期预算管理，编制滚动预算。深化部门预算、国库集中收付等制度改革，将所有政府性收入全部纳入预算管理，加强国有资产管理，促进资产管理与预算管理的有机结合。

（三）建立健全配套制度

行政事业单位应建立健全配套制度，规范支出审批程序；应加强财产管理制度建设，确保财产物资的安全；应进一步落实"收支两条线"制度，从源头上增收节支，完善内外监控制度，保证会计服务质量，正确处理好核算与被核算单位之间的关系。

三、财务管理内容的创新

（一）加强财务审核监督，严格财政支出管理

通过集中核算对单位财务严把审核关，切实履行好财政的监督职能，为政府和单位节省行政管理成本，同时对部门预算、政府采购、"收支两条线"管理、国库集中支付、核算单位的会计业务实施的全过程进行监督，遏制财务收支中各种违规、违纪行为。

（二）继续深化财政国库体制改革

财政国库管理制度改革是涉及整个财政管理的基础性改革，其政策性、技术性强，随着国库集中支付制度改革试点工作的顺利进行，国库管理的各项制度日益规范，信息技术支撑进一步得到保障。

（三）增强协调配合

国库支付中心的性质和职能决定了它是一个涉及面广、政策性强的事业单位，处理、协调好各种关系是保证其充分发挥职能作用的关键。通过对财政资金进行统一调度和合理管理，能够把原来分散、沉淀在各个单位的财政资金集中在一个账户并进行统一管理，集中盘活财政资金，提高资金使用效率。进一步完善报账审核办法，统一报账审核标准，实行拒付理由通知书制度，对不符合财务制度的各项开支、超预算指标金额的项目严格把关，依据不同情况，签发拒付理由通知书，同时实施财务信息反馈制度，定时向核算单位财务负责人反馈本单位财务状况。

四、财务管理制度的创新

财务管理制度是财务工作的基本依据和行为规范，要提高财务管理水平，就必须制定一套完整的财务管理制度。

（一）重视财会制度建设

行政事业单位必须建立以决策为核心的财务管理体制，加强自我约束。

财务人员要及时、主动地提供财务数据和市场分析报告等资料，为领导进行导科学决策提供信息支撑；财务部门要站在领导层和全局的高度，主动参与决策的分析论证，并提出参考意见；财务人员应认真执行决策，对相关工作认真检查、认真监督，保证决策的顺利执行。

（二）完善财务内部稽核机制和监督检查机制

1. 强化审计的作用

审计部门的设置应高于其他职能部门，独立于被审计部门，这样才能保证审计的独立性和权威性。审计部门通过对原始凭证、记账凭证、会计账簿、会计报表等的审计，协助单位领导监督各项收支，从而促进良好的控制环境的建立。

2. 定期对单位内控制度进行评价和修正

在审计过程中，审计人员要及时发现财务管理工作中存在的问题并及时反馈、提出意见，以便单位领导及时改进相关工作。

3. 建立健全各种财务管理制度，规范财务工作流程

按照各项法规及财政部门的要求，结合本单位的实际情况，建立健全各种财务管理制度，包括人员岗位责任制度、账务处理程序制度、内部牵制制度、内部稽核制度、原始记录管理制度、财务收支审批制度等。

五、提高财务人员的素质

培养优秀的财务管理人员对财务管理创新非常重要。财会人员不仅要精通

财会专业知识，还要掌握经济管理理论，预算、计划执行、决算的运作规律，政策法规及相关技术知识。此外，财务人员还应注重培养以下几种能力：

（一）职业判断能力

新形势下，会计准则、制度的通用性不断增强。在处理一些会计事项时，有多种会计政策、原则可供以选择，这就需要财务人员学会分析、判断、综合、总结，根据有关财务资料正确核算。

（二）沟通协调能力

行政事业单位组织结构日趋复杂，利益主体和服务对象逐渐多元化。面对不同主体，财务人员必须采用不同的技巧进行沟通与协调。

（三）钻研业务能力

财务人员应具备完善的知识结构、熟练的工作技能，能够以新的思路和方法处理工作中遇到的新情况和新问题。

新形势下，行政事业单位必须通过财务管理创新，树立现代财务管理理念，完善财务管理体制，更好地适应经济发展和现代化建设的需要。

第二章　行政事业单位财务会计基础

第一节　政府会计改革概述

政府会计是指用于确认、计量、记录和报告政府和单位财务收支活动及其受托责任的履行情况的会计体系。它是以货币为主要计量单位，对各政府会计主体财政资金的活动过程和结果进行全面、系统、连续的反映和监督，以加强预算、财务管理，增强资金使用效果的一门专业会计。长期以来，我国政府领域实施的主要是以收付实现制为基础的预算会计，并不是真正意义上的政府会计。新的政府会计制度（《政府会计制度——行政事业单位会计科目和报表》）自 2019 年 1 月 1 日起在我国各级各类行政事业单位（简称单位）全面实施，昭示着政府会计改革的开始，对规范政府会计行为、夯实政府会计主体预算和财务管理基础、强化政府绩效管理具有深远影响，对我国建立现代财政制度、建设法治政府、推进国家治理体系和治理能力的现代化都有重要意义。

一、政府会计改革的意义

财政是国家治理的基础和重要支柱，而政府会计是财政工作的重要组成部分。推进政府会计改革是深化财税体制改革、建立现代财政制度的一项重要内容。

（一）推进政府会计改革，是建立现代财政制度的迫切需要

通过政府会计改革，在政府会计中引入权责发生制。在权责发生制下，对资产、负债等会计要素的概念、信息质量特征，进行重新界定，并提出新的要求，从而保证政府资产、负债等信息得以如实记录和完整反映，有利于全面反映政府的财务状况、财政能力和财政责任；有利于进一步加强政府的资产管理和债务风险控制；有利于健全预算管理基础，对建立全面规范、公开透明的现代预算制度，促进财政可持续发展，具有重要的基础性作用。

（二）推进政府会计改革，是建设法治政府的内在要求

通过政府会计改革，在政府综合财务报告中引入成本、绩效等要素，能够合理归集、反映政府的运行费用和履职成本，科学评价政府、部门、单位等耗费公共资源、边际成本等情况，有利于建立并有效实施预算绩效评价制度；有利于合理界定中央与地方政府间的财政关系；有利于科学评价政府履行责任的情况和更好接受公众监督，从而为政府依法理财、依法履行职责奠定基础。

（三）推进政府会计改革，是推进国家治理体系和治理能力现代化的重要基础

通过政府会计改革，建立健全政府财务报告体系、政府财务报告审计和公开机制，能够全面、清晰地反映政府的预算执行信息和财务状况，满足权力机关、社会公众等对政府财政财务信息全面性、准确性和及时性的要求，并为制定财政中长期规划、国民经济和社会发展中长期规划以及国家相关宏观政策提供依据，从而有利于改进和加强财政管理，进一步规范政府行为和提高政府决策能力，促进国家治理体系和治理能力的现代化。

二、政府会计标准体系

（一）政府会计标准体系的内容

2014 年 12 月 12 日，国务院批转发布《权责发生制政府综合财务报告制度改革方案》（以下简称《改革方案》)。《改革方案》是规划、指导新时期政府会计改革顶层设计的纲领性文件，提出政府会计改革的总体目标是通过构建统一、科学、规范的政府会计准则体系，建立健全政府财务报告编制办法，适度分离政府财务会计与预算会计、政府财务报告与决算报告功能，全面、清晰反映政府财务信息和预算执行信息，为开展政府信用评级、加强资产负债管理、改进政府绩效监督考核、防范财政风险等提供支持，促进政府财务管理水平提高和财政经济可持续发展。

根据《改革方案》，我国的政府会计标准体系由政府会计准则体系、政府会计制度等组成。政府会计准则体系包括基本准则、具体准则及应用指南。政府会计准则和政府会计制度相互补充，共同规范政府会计主体的会计核算，保证会计信息质量。具体情况如表 2-1 所示。

表 2-1　我国政府会计标准体系

序号	文件名	文号	发布时间	施行时间
1	《财政总预算会计制度》（已废止）	财库〔2015〕192 号	2015 年 10 月 10 日	2016 年 1 月 1 日
2	《政府会计准则——基本准则》	财政部令第 78 号	2015 年 10 月 23 日	2017 年 1 月 1 日
3	《政府会计准则第 1 号——存货》	财会〔2016〕12 号	2016 年 7 月 6 日	2017 年 1 月 1 日
4	《政府会计准则第 2 号——投资》			2017 年 1 月 1 日
5	《政府会计准则第 3 号——固定资产》			2017 年 1 月 1 日
6	《政府会计准则第 4 号——无形资产》			2017 年 1 月 1 日
7	《〈政府会计准则第 3 号——固定资产〉应用指南》	财会〔2017〕4 号	2017 年 2 月 21 日	与《政府会计准则第 3 号——固定资产》同步实施

序号	文件名	文号	发布时间	施行时间
8	《政府会计准则第5号——公共基础设施》	财会〔2017〕11号	2017年4月17日	2018年1月1日
9	《政府会计准则第6号——政府储备物资》	财会〔2017〕23号	2017年7月28日	2018年1月1日
10	《政府会计制度——行政事业单位会计科目和报表》	财会〔2017〕25号	2017年10月24日	2019年1月1日
11	《政府会计准则第7号——会计调整》	财会〔2018〕28号	2018年10月21日	2019年1月1日
12	《政府会计准则第8号——负债》	财会〔2018〕31号	2018年11月9日	2019年1月1日
13	《政府会计准则第9号——财务报表编制和列报》	财会〔2018〕37号	2018年12月26日	2019年1月1日
14	《政府会计准则第10号——政府和社会资本合作项目合同》	财会〔2019〕23号	2019年12月17日	2021年1月1日
15	《财政总会计制度》	财库〔2022〕41号	2022年11月18日	2023年1月1日

（二）政府会计基本准则

政府会计基本准则用于规范政府会计目标、政府会计主体、政府会计信息质量要求、政府会计核算基础，以及政府会计要素定义、确认和计量原则、列报要求等原则事项。基本准则属于"概念框架"，指导具体准则和制度的制定，并为政府会计实务问题提供处理原则。

2015年10月23日，中华人民共和国财政部发布《政府会计准则——基本准则》（以下简称《基本准则》），并自2017年1月1日起施行。

《基本准则》共六章六十二条。

第一章为总则，明确了《基本准备》的制定目的和制定依据、适用范围、政府会计体系与核算基础、基本准则定位、报告目标和使用者、会计基本假设和记账方法等。

第二章为政府会计信息质量要求，明确了政府会计信息应当满足的七个方面的质量要求，即可靠性、全面性、相关性、及时性、可比性、可理解性和实质重于形式。

第三章为政府预算会计要素，规定了预算收入、预算支出和预算结余三个预算会计要素的定义、确认和计量标准，以及列示要求。

第四章为政府财务会计要素，规定了资产、负债、净资产、收入和费用五个财务会计要素的定义、确认标准、计量属性和列示要求。

第五章为政府决算报告和财务报告，规定了决算报告、财务报告和财务报表的定义、主要内容和构成。

第六章为附则，规定了相关基本概念的定义，明确了施行日期。

（三）政府会计具体准则及应用指南

政府会计具体准则依据《基本准则》制定，用于规范政府发生的经济业务或事项的会计处理原则，详细规定了经济业务或事项引起的会计要素变动的确认、计量、记录和报告准则。应用指南是对具体准则的实际应用做出的操作性规定。

为适应权责发生制政府综合财务报告制度改革的需要，规范政府会计核算，规范政府会计调整的确认、计量和相关信息的披露，规范政府财务报表的编制和列报，规范政府方对政府和社会资本合作项目合同的确认、计量和相关信息的列报，提高会计信息质量，根据《基本准则》，财政部相继出台了存货、投资、固定资产等一系列政府会计具体准则及应用指南（如表 2-1 所示）。

（四）政府会计制度

政府会计制度依据《基本准则》制定，主要规定政府会计科目及账务处理、报表体系及编制说明等，便于会计人员进行日常核算。按照政府会计主体不同，政府会计制度主要由政府财政会计制度和政府单位会计制度组成。

2015 年 10 月 10 日，财政部修订发布了《财政总预算会计制度》，规定自2016 年 1 月 1 日起施行。2022 年 11 月 18 日，财政部印发《财政总会计制度》，并于 2023 年 1 月 1 日正式施行，《财政总预算会计制度》同时废止。

2017 年 10 月 24 日，财政部制定发布了《政府会计制度——行政事业单位会计科目和报表》（以下简称《政府会计制度》），自 2019 年 1 月 1 日起施行，鼓励行政事业单位提前执行，本制度适用于各级各类行政单位和事业单位。纳入企业财务管理体系执行企业会计准则和小企业会计准则的单位，不执行本制度。本制度尚未规范的有关行业事业单位的特殊经济业务或事项的会计处理，由财政部另行规定。这是政府会计改革工作取得的又一项重要成果，标志着具有中国特色的政府会计标准体系初步建成，在我国政府会计发展进程中具有划时代的里程碑意义。行政事业单位应当根据政府会计准则（包括基本准则和具体准则）规定的原则和《政府会计制度》的要求，对其发生的各项经济业务或事项进行会计核算。

《政府会计制度》的制定出台，是服务全面深化财税体制改革的重要举措，对提高政府会计信息质量、提升行政事业单位财务和预算管理水平、全面实施绩效管理、建立现代财政制度具有重要的政策支撑作用。

另外，国家行政事业单位的经济业务各不相同，在执行会计制度时，部分特殊业务并不能完全体现在《政府会计制度》中。因此，为了确保《政府会计制度》在各类行政事业单位的有效贯彻实施，规范医院、高等学校、科学事业单位等行业事业单位特殊经济业务或事项的会计核算，确保新旧制度顺利过渡，行政事业单位需要结合行业单位实际情况，对《政府会计制度》做出必要补充。

2018 年 2 月 1 日，财政部发布《关于印发〈政府会计制度——行政事业单位会计科目和报表〉与〈行政单位会计制度〉〈事业单位会计制度〉有关衔接问题处理规定的通知》，后又印发了国有林场和苗圃、测绘事业单位、地质勘查事业单位、高等学校、中小学校、医院、基层医疗卫生机构、科学事业单位、彩票机构九类行业事业单位执行《政府会计制度》的补充规定和衔接规定。2018 年 12 月 6 日，财政部印发《关于进一步做好政府会计准则制度新旧衔接和加强行政事业单位资产核算的通知》。

2022 年 11 月，财政部印发《财政总会计制度》，并规定自 2023 年 1 月 1 日起执行。《财政总会计制度》适用于中央，省、自治区、直辖市及新疆生产建设兵团，设区的市、自治州，县、自治县、不设区的市、市辖区，乡、民族乡、镇等各级人民政府财政部门总会计。

总会计是各级政府财政核算、反映、监督与一般公共预算资金、政府性基金预算资金、国有资本经营预算资金、社会保险基金预算资金以及财政专户管理资金、专用基金和代管资金等资金有关的经济活动或事项的专业会计。社会保险基金预算资金会计核算不适用本制度，由财政部另行规定。

财政部表示，自 2023 年 1 月 1 日起，各级总会计应当严格按照新制度的规定进行会计核算、编制财务报表和预算会计报表。各级总会计应当按照新制度的规定，及时与非税收入管理部门、股权管理部门、债务管理部门沟通，获取应收非税收入、应收股利、股权、债权和债务等相关事项核算资料，确保登记新账准确完整；应当对原有会计信息系统及时进行升级改造，实现数据正确转换，确保新旧账务有序衔接及新制度有效贯彻落实。

（五）政府会计标准体系的适用范围

政府会计适用于各级政府、各部门、各单位。各级政府指各级政府财政部门，具体负责财政总（预算）会计的核算。各部门、各单位指与本级政府财政部门直接或间接发生预算拨款关系的国家机关、军队、政党组织、社会团体、事业单位和其他单位。其中，军队已纳入企业财务管理体系的单位和执行《民间非营利组织会计制度》的社会团体，不包括在内。单位对基本建设的投资应当按照《政府会计制度》的规定统一进行会计核算，不单独建账，但是应当按项目单独核算，并保证项目资料完整。

未纳入部门预决算管理范围的事业单位，可以不执行《政府会计制度》中的预算会计内容，只执行财务会计内容。原参照执行《中小学校会计制度》《高等学校会计制度》《医院会计制度》《基层医疗卫生机构会计制度》等行业事业单位会计制度的非政府会计主体，可参照执行新制度。原执行《工会会计制度》的各级工会组织，暂不执行政府会计准则制度，继续执行《工会会计制度》。属于政府会计准则制度实施范围，但财政部未针对其原执行的会计制度专门制定新旧衔接规定的事业单位，应当参照《〈政府会计制度——行政事业单位会计科目和报表〉与〈事业单位会计制度〉有关衔接问题的处理规定》做好新旧衔接工作。

三、《政府会计制度》的重大变化与创新

《政府会计制度》继承了多年来我国行政事业单位会计改革的有益经验，反

映了当前政府会计改革发展的内在需要和发展方向。相较于以前的制度,其重大变化与创新如下:

（一）重构了政府会计核算模式

《政府会计制度》在系统分析、总结传统预算会计体系利弊的基础上,按照《改革方案》和《基本准则》的要求,构建了"财务会计和预算会计适度分离并相互衔接"的会计核算模式。

所谓"适度分离",是指适度分离政府预算会计和财务会计功能、决算报告和财务报告功能,全面反映政府会计主体的预算执行信息和财务信息。

所谓"相互衔接",是指在同一会计核算系统中,政府预算会计要素和相关财务会计要素相互协调,决算报告和财务报告相互补充,共同反映政府会计主体的预算执行信息和财务信息。具体情况如表2-2所示。

表2-2　我国政府会计核算模式

适度分离	双功能	在同一会计核算系统中实现财务会计和预算会计双重功能
	双基础	财务会计采用权责发生制,预算会计采用收付实现制
	双报告	通过财务会计核算形成财务报告,通过预算会计核算形成决算报告
相互衔接		对纳入部门预算管理的现金收支进行"平行记账"
		财务报表与预算会计报表之间存在钩稽关系

这种会计核算模式既能满足现行部门决算报告制度的需要,又能兼顾部门编制权责发生制财务报告的要求,对规范政府会计行为、夯实政府会计主体预算和财务管理基础、强化政府绩效管理具有深远影响。

（二）统一了现行各项单位会计制度

《政府会计制度》有机整合了《行政单位会计制度》《事业单位会计制度》和医院、基层医疗卫生机构、高等学校、中小学校、科学事业单位、彩票机构、地质勘查事业单位、测绘事业单位、国有林场和苗圃等行业事业单位会计制度的内容。一是在科目设置、科目和报表项目说明方面,一般情况下,不再区分行政和事业单位,也不再区分行业事业单位。二是在核算内容方面,基本保留了现行各项制度中的通用业务和事项,同时根据改革需要增加各级各类行政事业单位的共性业务和事项。三是在会计政策方面，对同类业务尽可能做出同样的处理规定。

会计制度的统一，大大提高了政府各部门、各单位会计信息的可比性，为合并单位、部门财务报表和逐级汇总、编制部门决算奠定了坚实的制度基础。

（三）强化了财务会计功能

一是《政府会计制度》在财务会计核算中全面引入权责发生制，在会计科目设置和账务处理说明中着力强化财务会计功能，如增加了收入和费用两个财务会计要素的核算内容，并在原则上要求按照权责发生制进行核算。

二是增加了应收款项和应付款项的核算内容，对长期股权投资采用权益法核算，确认自行开发形成的无形资产的成本，要求对固定资产、公共基础设施、保障性住房和无形资产计提折旧或摊销，引入坏账准备等减值概念，确认预计负债、待摊费用和预提费用等。

三是在政府会计核算中强化财务会计功能，对科学编制权责发生制政府财务报告、准确反映单位财务状况和运行成本等情况具有重要的意义。

（四）扩大了政府资产负债核算范围

《政府会计制度》在现行制度的基础上，扩大了资产负债的核算范围。除按照权责发生制核算原则增加了有关往来账款的核算内容外，一是在资产方面，增加了公共基础设施、政府储备物资、文物文化资产、保障性住房和受托代理资产的核算内容，以全面核算单位控制的各类资产，并且增加了"研发支出"科目，以准确地反映单位自行开发无形资产的成本；二是在负债方面，增加了预计负债、受托代理负债等核算内容，以全面反映单位所承担的现时义务。此外，为了准确地反映单位资产扣除负债之后的净资产状况，《政府会计制度》立足单位会计核算需要，借鉴国际公共部门会计准则相关规定，将净资产按照主要来源分为累计盈余和专用基金，并根据净资产其他来源设置了"权益法调整""无偿调拨净资产"等会计科目。

政府资产负债核算范围的扩大，有利于全面规范政府单位各项经济业务和事项的会计处理，准确反映政府"家底"信息，能够为相关决策提供更加有用的信息。

（五）完善了预算会计功能

根据《改革方案》要求，《政府会计制度》对预算会计科目及其核算内容进行了调整和优化，以进一步完善预算会计功能。一是在核算内容上，预算会计仅需核算预算收入、预算支出和预算结余。二是在核算基础上，预算会计除按《中华人民共和国预算法》（以下简称《预算法》）要求应实行权责发生制的事项外，均采用收付实现制核算，有利于避免以往存在的虚列预算收支的问题。三是在核算范围上，为了体现新《预算法》的精神和部门综合预算的要求，《政府会计制度》将依法纳入部门预算管理的现金收支均纳入预算会计核算范围，如增设债务预算收入、债务还本支出、投资支出等。

调整完善后的预算会计，能够更好地贯彻落实《预算法》的相关规定，更加准确地反映部门和单位预算收支情况，更加满足部门、单位预算和决算管理的需要。

（六）整合了基建会计核算

按照政府会计改革前的制度规定，单位对基本建设投资的会计核算除应遵循相关会计制度规定外，还应当按照国家有关基本建设项目会计核算的规定单独建账、单独核算，同时应将基建账相关数据按期并入单位"大账"。《政府会计制度》依据《基本建设财务规则》和相关预算管理规定，对单位建设项目会计核算进行了规定。单位按照本制度的规定统一对基本建设投资进行会计核算，不再单独建账，大大简化了单位基本建设业务的会计核算，有利于提高单位会计信息的完整性。

（七）完善了报表体系和结构

《政府会计制度》将报表分为预算会计报表和财务报表两大类。预算会计报表由预算收入表、预算结转结余变动表和财政拨款预算收入支出表组成，是编制部门决算报表的基础。财务报表由会计报表和附注构成，会计报表由资产负债表、收入费用表、净资产变动表和现金流量表组成。其中，单位可自行选择编制现金流量表。《政府会计制度》针对新的核算内容和要求对报表结构进行了调整和优化，对报表附注应当披露的内容进行了细化，为会计报表重要项目说明提供了可参考的披露格式，要求按经济分类披露费用信息，要求披露本年预算结余和本年盈余的差异调节过程等。

调整完善后的报表体系，对全面反映单位财务信息和预算执行信息，提高部门、单位会计信息的透明度和决策有用性具有重要意义。

（八）增强了制度的可操作性

《政府会计制度》在附录中采用列表方式，以《政府会计制度》中规定的会计科目使用说明为依据，按照会计科目顺序，对单位通用业务或共性业务和事项的账务处理进行了举例说明。在举例说明时，对同一项业务或事项，在表格中列出财务会计分录的同时，还应平行列出相对应的预算会计分录。对经济业务和事项举例说明，能够充分反映《政府会计制度》所要求的财务会计和预算会计"平行记账"的核算要求，有利于会计人员学习和理解政府"会计八要素（预算收入、预算支出、预算结余、资产、负债、净资产、收入、费用）"的记账规则，也有利于单位会计核算信息系统的开发或升级改造。

第二节　行政事业单位与行政事业单位会计

一、行政事业单位及其种类

行政事业单位是行政单位和事业单位的合称。

（一）行政单位及其种类

行政单位是代表政府行使政府权力的机构，是进行国家行政管理、组织经济建设和文化建设、维护社会公共秩序的单位，主要包括国家权力机关、行政机关、司法机关等。另外，在我国实行预算管理的其他机关、政党组织等也被视为行政单位。与行政机关是有区别的，这里主要是财政上的概念。

1. 各级人民代表大会及其常务委员会

例如，全国人民代表大会及其常务委员会、各级地方人民代表大会及其常务委员会。中华人民共和国全国人民代表大会是国家最高权力机关，其常设机关是全国人民代表大会常务委员会。全国人民代表大会和全国人民代表大会常务委员会行使国家立法权。

2. 各级人民政府及其所属工作机构

例如，中央人民政府、地方各级人民政府。再如国务院所属各部门，如外交部、国防部、国家发展和改革委员会、教育部、科学技术部、工业和信息化部、公安部、民政部、财政部、人力资源和社会保障部等；地方各级人民政府所属各部门，如省财政厅、省公安厅、市财政局、市公安局等。地方各级人民政府是地方各级国家权力机关的执行机关，是地方各级国家行政机关，属于国家执法机关。

3. 中国人民政治协商会议各级委员会机关

例如，中国人民政治协商会议全国委员会、中国人民政治协商会议各级地方委员会。中国人民政治协商会议是中国人民爱国统一战线的组织，是中国共产党领导的多党合作和政治协商制度的重要机构，是我国政治生活中发扬社会主义民主的重要形式，是社会主义协商民主的重要渠道和专门协商机构，是国家治理体系的重要组成部分，是具有中国特色的制度安排。

4. 各级审判机关

例如，最高人民法院、地方各级人民法院。各级审判机关属于国家司法机关。

5. 各级检察机关

例如，最高人民检察院、地方各级人民检察院。各级检察机关是国家的法律监督机关。

6. 中国共产党各级机关

例如，中国共产党中央委员会、中国共产党各级地方委员会。中国共产党是我国的执政党，发挥总揽全局、协调各方的领导核心作用。

行政单位承担着经济调节、市场监管、社会管理、公共服务等职能，属于社会非物质生产部门，不能在市场上通过货物或服务的交换获得足够的资金，它们开展业务活动所需的资金主要由财政预算安排。行政单位的支出典型地、纯粹地为了满足社会公共需要。因此，执行单位预算，按照预算取得和使用财政资金，使财政资金发挥其应有的社会效益，是行政单位进行财务管理和组织会计核算时必须遵循的基本要求。

（二）事业单位及其种类

事业单位是国家为了社会公益目的，由国家机关举办或者其他组织利用国有资产举办的，从事教育、科研、文化、卫生、体育、新闻出版、广播电视、社会福利、救助减灾、统计调查、技术推广与实验、公用设施管理、物资仓储、监测、勘探与勘察、测绘、检验检测与鉴定、法律服务、资源管理事务、质量技术监督事务、经济监督事务、知识产权事务、公证与认证、信息与咨询、人才交流、就业服务、机关后勤服务等活动的社会服务组织。按照不同的行业，常见的事业单位主要包括：

1. 中小学校

主要指由各级人民政府举办的普通中小学校、成人中学、成人初等学校等。

2. 高等学校

主要指由各级人民政府举办的全日制普通高等学校、成人高等学校等。

3. 医院

主要指各级各类公立医院，包括综合医院、中医院、专科医院等。

4. 基层医疗卫生机构

主要指由政府举办的城市社区卫生服务中心、乡镇卫生医院等。

5. 文化事业单位

主要指各级各类公共图书馆、文化馆、纪念馆以及由文化及其他部门主管的剧场、剧团等。如国家图书馆、中国美术馆、中国交响乐团等。

6. 文物事业单位

主要指各级各类公共博物馆、博物院等。如故宫博物院、中国国家博物馆等。

7. 科学事业单位

主要指由各级人民政府举办的各级各类科学院、研究院、研究所等。如中国科学院、中国工程院、上海科技馆等。

8. 广播电视事业单位

主要指由各级人民政府举办的广播电台、电视台等。

9. 体育事业单位

主要指由各级人民政府举办的体育馆、体育场等。

除以上事业单位外，事业单位按照所从事行业，还分为测绘事业单位、气象事业单位、园林事业单位等。

事业单位是经济社会发展中提供公益服务的主要载体，是我国社会主义现代化建设的重要力量；它不以营利为直接目的，其工作成果与组织价值是一种社会效益，不直接以可估量的物质形态或货币形态表现出来。相对于企业单位而言，事业单位是国家机构的延伸，其资产属于国有，政府决定事业单位的设立、注销以及编制，并对事业单位的各种活动进行直接组织和管理，各类事业单位活动所需的各种经费主要来自政府拨款。从单位性质上来看，事业单位又有公益性、准公益性和经营性之分，对于经营性事业单位，财政一般不予补助，政府财政只对公益性和准公益性事业单位进行补贴。

二、行政事业单位会计及其特点

行政事业单位会计又简称单位会计，是运用会计专门方法对各级各类行政事业单位的资产负债、运行情况、现金流量、预算执行情况等进行全面核算、监督和报告的一门专业会计，是政府会计（主要包括财政总预算会计、行政事业单位会计）的重要组成部分。行政事业单位会计核算的目标是为会计信息使用者提供与行政事业单位财务状况、预算执行情况等有关的会计信息，反映行政事业单位受托责任的履行情况，有助于会计信息使用者进行管理、监督和决策。行政事业单位会计信息使用者包括人民代表大会、政府及其有关部门，行政事业单位自身和其他利益相关者。行政事业单位会计具有如下主要特点：

（一）行政事业单位会计的主体是各级各类行政事业单位

行政事业单位应当对其自身发生的经济业务或者事项进行会计核算。行政事业单位自身发生的经济业务或事项与同级财政总预算发生的经济业务或事项之间，既有重叠的地方，也有相互独立的地方。例如，当同级财政为行政事业单位支付日常办公经费时，同级财政形成支出，行政事业单位也形成支出。但如果同级财政为行政事业单位支付购置设备的款项，则同级财政形成支出，行政事业单位在形成支出的同时，还形成固定资产。之后，行政事业单位对设备计提折旧，并且需要记录相应的经济业务或事项，而同级财政没有相应的经济业务或事项，不需要记录相应的经济业务或事项。再如，当事业单位利用取得的事业收入支付日常办公经费时，事业单位形成支出，但财政总预算会计不形成支出。事业单位取得的非财政资金收入和发生的非财政资金支出，对财政总预算会计来说，既没有收入，也没有支出。

（二）行政事业单位会计需要详细反映单位预算执行情况

行政事业单位会计在反映单位预算执行情况的时候，采用的会计核算方法应与相应的预算编制方法一致。只有这样，预算数与会计核算的决算数才具有可比性，会计核算的结果才能反映预算执行情况。例如，行政事业单位按照预算安排购置一台办公设备，支付的相应价款属于预算支出的内容。为如实反映预算执行情况，行政事业单位会计需要确认相应的实际支出，并将实际支出与预算支出进行比较。

由于行政事业单位预算分为基本支出预算和项目支出预算，基本支出预算又分为人员经费预算和日常公用经费预算，各种预算又分别安排财政拨款收入和其他相关收入。因此，行政事业单位会计需要按照预算管理的相应要求，分别对各种预算组织会计核算，以分别反映各种预算的执行情况。除此之外，行政事业单位预算还要单独编制财政拨款支出预算，以对财政拨款支出进行预算管理。相应地，行政事业单位会计需要单独核算财政拨款支出，以如实反映财政拨款支出预算执行情况。

有些行政事业单位除有一般公共预算资金收入和支出安排外，还有政府性基金预算资金收入和支出安排。在这种情况下，行政事业单位会计需要分别核算一般公共预算资金收入和支出的业务，以及政府性基金预算资金收入和支出的业务，以分别反映两种性质资金的预算执行情况。行政事业单位会计核算单位预算执行情况的过程，也是加强单位预算管理的过程。如果没有相应的预算，行政事业单位会计就应当及时停止相应经济业务的发生。

（三）行政事业单位会计需要反映单位财务状况

行政事业单位财务会计中的资产、负债和净资产三个会计要素能够反映行政事业单位的财务状况。行政事业单位的资产不仅包括库存现金、银行存款、应收账款等货币性资产，还包括库存物品、固定资产、在建工程、无形资产等非货币性资产。有些行政事业单位的资产还包括政府储备物资、公共基础设施等特殊种类的资产。这与财政总预算会计的资产种类有很大的不同。行政事业单位的净资产主要是累计盈余。总体来说，行政事业单位的资产主要来源于财政拨款，它是财政拨款的结果。但财政拨款具有年度性，使用后即预算已经执行，由此形成的资产尤其是固定资产、无形资产等的管理具有长期性。如实反映行政事业单位的财务状况，有利于加强对行政事业单位资产、负债和净资产的管理。

（四）行政事业单位会计采用财务会计和预算会计适度分离并相互衔接的会计核算模式

所谓"适度分离"，是指适度分离行政事业单位预算会计和财务会计功能，适度分离决算报告和财务报告功能，全面反映行政事业单位会计主体的预算执行信息和财务信息。其主要表现在以下三个方面：一是"双功能"，即在同一会计核算系统中实现财务会计和预算会计双重功能，通过资产、负债、净资产、收入、费用五个要素进行财务会计核算，通过预算收入、预算支出和预算结余三个要素进行预算会计核算。二是"双基础"，即财务会计采用权责发生制，预算会计采用收付实现制，国务院另有规定的，依照规定进行。三是"双报告"，即通过财务会计核算形成财务报告，通过预算会计核算形成决算报告。

所谓"相互衔接"，是指在同一会计核算系统中行政事业单位预算会计要素和相关财务会计要素相互协调，决算报告和财务报告相互补充，共同反映行政事业单位会计主体的预算执行信息和财务信息。其主要体现在以下两个方面：一是对纳入部门预算管理的现金收支进行"平行记账"。对纳入部门预算管理的现金收支业务，在进行财务会计核算的同时也应当进行预算会计核算；对其他业务，仅需要进行财务会计核算。二是财务报表与预算会计报表之间存在钩稽关系。通过编制"本期预算结余与本期盈余差异调节表"并在附注中进行披露，反映单位财务会计和预算会计因核算基础和核算范围不同，产生的本年盈余数（即本期收入与费用之间的差额）与本年预算结余数（本年预算收入与预算支出的差额）之间也存在差异，从而揭示财务会计和预算会计的内在联系。具体情况如图 2 所示。

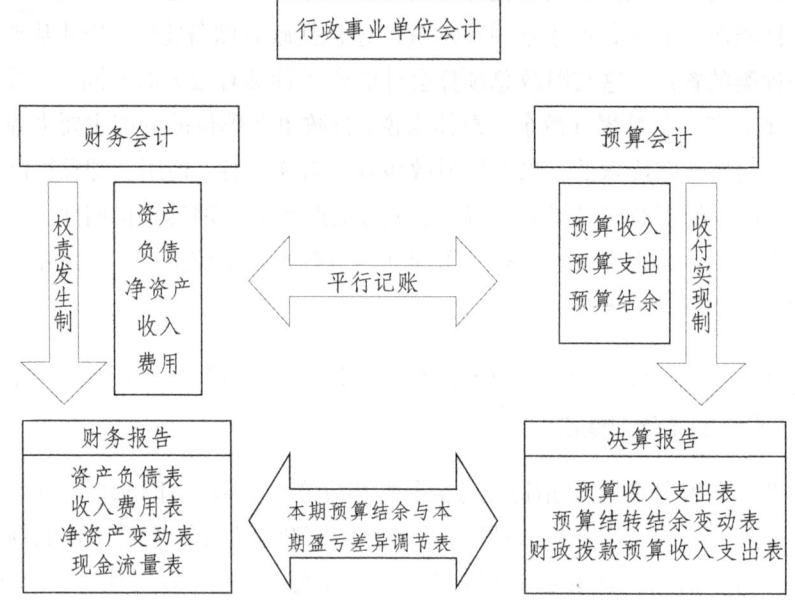

图 2　行政事业单位财务会计和预算会计适度分离并相互衔接

第三节　会计假设和会计信息质量要求

一、会计假设

会计核算的基本前提是在组织核算工作之前，首先解决与确立核算主体有关的一系列重要问题，即确定会计假设或会计基本原则。行政事业单位会计假设是指对行政事业单位会计所处的空间和时间环境，以及使用的主要计量单位所做的合理假定或设定，主要包括会计主体、持续运行、会计分期和货币计量。

（一）会计主体

会计主体是指会计工作服务的特定对象，是企业会计确认、计量、记录和报告的空间范围。行政事业单位会计的主体是各级各类行政事业单位。目前，我国各级各类行政事业单位通过编制单位决算以及部门决算的方式，向人民代表大会提供单位或部门预算执行情况的信息。各级各类行政事业单位还应当编制单位财务报告，并在此基础上编制政府部门财务报告和政府整体财务报告，向相关方面报告。

（二）持续运行

持续运行是指会计主体的业务活动能够持续不断地进行下去。行政事业单位会计应将行政事业单位的业务活动能够持续不断地进行下去作为组织正常会计核算的基本假设。持续运行前提可以保证行政事业单位按照正常的会计方法进行会计核算，而不将会计核算建立在非正常的财政财务清算的基础上。尽管行政事业单位也会根据社会经济发展的客观需要进行划转或撤并，但在相应财政财务清算活动尚未开始之前，行政事业单位仍然要按照持续运行的假设，对相应的财政财务收支业务及其他相关业务进行会计核算，并得出相应的核算结果。

（三）会计分期

会计分期是指将会计主体持续运行的时间人为地划分成一定的时间段（一个个连续的、长短相同的期间），以便分阶段结算账目，编制会计报表。行政事业单位会计期间分为年度、半年度、季度和月度。会计年度、半年度、季度和月度采用公历日期。为及时提供预算执行情况和财务状况的信息，行政事业单位会计还可以根据需要提供旬报，供政府有关方面及时了解信息。分期提供会计信息，除了可以及时提供信息，还有利于对各期的会计信息进行比较，从而有利于信息分析，提高信息的可用性。目前，在各级地方人民政府每年第一季度召开的各级地方人民代表大会上，财政部门都需要代表政府编制上一年度预算执行情况的年度报告。中央政府和大多数地方政府在每年下半年还需要向人民代表大会提供当年度上半年预算执行情况的报告。

（四）货币计量

货币计量是指会计核算以人民币为记账本位币。如果发生外币收支，应当按照中国人民银行公布的人民币外汇汇率折算为人民币，再进行核算。对业务收支以外币为主的行政事业单位，也可以选定某种外币作为记账本位币。但在编制会计报表时，应当按照编报日期的人民币外汇汇率折算为人民币反映。货币计量可以使各种经济业务在数量上有一个统一的衡量标准，即人民币"元"，从而使相同或者不同的经济业务在数量上可以相加或相减，得出有意义的财务信息。行政事业单位的财务活动，一方面可以反映行政事业单位的业务意图和工作方向；另一方面，随着人民群众参政议政和民主理财意识的不断增强，相应财务活动的货币数量信息也越来越受到社会各方的关注。

二、会计信息质量要求

会计信息质量要求是利益相关者选择适用的会计准则、程序和方法的衡量标准，从某种程度上来说是财务目标的具体化，可以通过会计信息质量来判断有助于决策的会计信息。因此，行政事业单位会计信息质量要求是指行政事业单位会计向信息使用者提供的会计信息应当达到的质量标准。行政事业单位会计信息质量要求通常包括可靠性、全面性、相关性、及时性、可比性、可理解性、实质重于形式等。

（一）可靠性

可靠性是指行政事业单位会计主体应当以实际发生的经济业务或者事项为依据进行会计核算，如实反映各项会计要素的情况和结果，保证会计信息真实可靠。

可靠性是会计的本质属性。行政事业单位会计不能扭曲经济业务的内容，不能对相应的经济业务做出不真实、不客观的记录和反映；也不能以尚未发生或可能发生的经济业务为依据，或者根据人为估算的结果进行会计核算；更不能故意编造经济业务的内容，并以此为依据进行会计记录和反映；会计主体在报表中反映的各项信息不能误导信息使用者，不得进行虚假陈述或者误导性陈述，以免影响信息使用者的判断。行政事业单位会计信息只有真实客观，才能帮助信息使用者做出正确的评价和决策，否则将导致信息使用者做出错误的评价和决策，从而影响社会公众的利益。

（二）全面性

全面性是指行政事业单位会计主体应当将发生的各项经济业务或者事项统一纳入会计核算，确保会计信息能够全面反映行政事业单位会计主体的预算执行情况、财务状况、运行情况、现金流量等。

不全面的会计信息无法达到可靠性的质量要求，全面性要求信息无论是对其有利还是对其不利，会计主体均应进行反映，不能按照主观判断任意取舍、随意遗漏或者减少应该披露的信息。《政府会计制度》要求对固定资产、公共基础设施、保障性住房和无形资产计提折旧或摊销，引入坏账准备等减值概念，确认预计负债、待摊费用和预提费用，对基本建设投资按照本制度规定统一进行会计核算等，都是会计信息全面性质量要求的体现。

（三）相关性

相关性是指行政事业单位会计主体提供的会计信息，应当与反映行政事业单位会计主体公共受托责任履行情况，以及报告使用者决策或者监督、管理的需要相关，有助于报告使用者对会计主体过去、现在或者未来的情况做出评价或者预测。

会计信息是否有用，是否具有价值，关键是看其与使用者的决策需要是否相关，是否有助于使用者进行决策或者提高其决策水平。相关的会计信息应当有助于使用者评价政府会计主体过去的决策，证实或者修正过去的有关预测，因而具有反馈价值。相关的会计信息还应当具有预测价值，有助于使用者根据财务报告所提供的会计信息预测行政事业单位会计主体未来的财务状况、运行情况和现金流量。会计信息质量的相关性要求，是以可靠性为基础的，两者之间是统一的，并不矛盾，不应将两者对立起来。也就是说，会计信息在满足可靠性的前提下，应尽可能地满足相关性，以满足报告使用者的决策需要。

（四）及时性

及时性是指行政事业单位会计主体对已经发生的经济业务或者事项，应当及时进行会计核算，不得提前或者延后。

会计信息的价值在于帮助信息使用者做出相关决策，具有时效性。即使是可靠的、全面的、相关的会计信息，如果不及时提供，也会失去时效性，对使用者的效用也就大大降低，甚至不再具有实际意义。在会计确认、计量和报告过程中贯彻及时性，一是要求及时收集会计信息，即在经济业务或者事项发生后，及时收集、整理各种原始单据或者凭证；二是要求及时处理会计信息，即按照国家统一的会计制度的规定，及时对经济业务或者事项进行确认或者计量，并编制报告；三是要求及时传递会计信息，即根据国家规定的有关时限，及时地将编制的报告传递给信息使用者，以便其及时使用和决策。

（五）可比性

可比性是指行政事业单位会计信息之间可以相互比较。

同一行政事业单位会计主体不同时期发生的相同或者相似的经济业务或者事项，应当采用一致的会计政策，不得随意变更。确需变更的，应当将变更的内容、理由及其影响在附注中予以说明。不同会计主体发生的相同或者相似的经济业务或者事项，应当采用一致的会计政策，确保政府会计信息口径一致、相互可比。

（六）可理解性

可理解性是指行政事业单位会计主体提供的会计信息应当清晰明了，便于报告使用者理解和使用。

行政事业单位会计主体编制决算报告和财务报告、提供会计信息的目的在于使用，而要使使用者有效使用会计信息，就应当让其了解会计信息的内涵，弄懂会计信息的内容，这就要求决算报告和财务报告所提供的会计信息清晰明了，易于理解。只有这样，才能提高会计信息的有用性，实现财务报告的目标，满足向信息使用者提供有用信息的要求。会计信息使用者通过阅读、分析、使用决算报告和财务报告信息，能够了解会计主体的过去和现状，以及会计主体净资产或价值的变化过程，预测未来发展趋势，从而做出科学决策。会计信息是一种专业性较强的信息产品，在强调会计信息要满足可理解性要求的同时，还应要求使用者具有一定的有关行政事业单位会计主体业务活动和会计方面的知识，并且愿意付出努力去研究这些信息。对于某些复杂的信息，如经济业务本身较为复杂或者会计处理较为复杂，但其与使用者的经济决策相关，行政事业单位会计主体应当在决算报告和财务报告中予以充分披露。

（七）实质重于形式

实质重于形式是指行政事业单位会计主体应当按照经济业务或者事项的经济实质进行会计核算，不限于以经济业务或者事项的法律形式为依据。

多数情况下，行政事业单位会计主体发生的经济业务或事项的经济实质和法律形式是一致的，但在有些情况下也会出现不一致的现象。例如，单位通过融资租赁取得一项设备，尽管从法律上讲该项设备的所有权不属于本单位，但从经济实质上讲与该设备所有权有关的全部或绝大部分风险和报酬已经转移给本单位，因此应当将该设备确认为本单位的资产。按照实质重于形式的质量要求提供的单位会计信息，比纯粹按照法律形式提供的单位会计信息更具相关性，从而可以更好地帮助人民代表大会、政府及其有关部门，以及行政事业单位本身等政府会计信息的使用者做出合理正确的决策。

第四节　财务会计和预算会计适度分离的表现

一、"双功能"：财务会计和预算会计

政府会计由财务会计和预算会计构成。行政事业单位会计核算应当具有

财务会计和预算会计双重功能，能够实现财务会计和预算会计适度分离并相互衔接，全面、清晰地反映单位财务信息和预算执行信息。具体情况如表2-3所示。

表2-3　"双功能"：财务会计和预算会计

财务会计	预算会计
通过资产、负债、净资产、收入、费用五个要素进行财务会计核算，主要反映和监督政府会计主体的财务状况、运行情况和现金流量等	通过预算收入、预算支出及预算结余三个要素进行预算会计核算，主要反映和监督政府会计主体的预算收支执行情况

（一）财务会计

财务会计是指以权责发生制为基础，对政府会计主体发生的各项经济业务或者事项进行会计核算，主要反映和监督政府会计主体的财务状况、运行情况和现金流量等。在准确核算和反映预算执行情况的同时，财务会计能够全面、清晰地反映政府会计主体的财务状况、运行情况等。

1. 政府财务会计要素

政府财务会计要素包括资产、负债、净资产、收入和费用。

（1）资产

① 定义

资产是指政府会计主体过去的经济业务或者事项形成的，由政府会计主体控制的，预期能够产生服务潜力或者带来经济利益流入的经济资源。

② 确认条件

符合政府资产定义的经济资源，在同时满足以下条件时，确认为资产：与该经济资源相关的服务潜力很可能实现或者经济利益很可能流入政府会计主体；该经济资源的成本或者价值能够被可靠地计量。

③ 分类

政府会计主体的资产按照流动性，分为流动资产、非流动资产、经管资产及其他资产。流动资产是指预计在1年内（含1年）耗用或者变现的资产，包括货币资金、短期投资、应收及预付款项、存货等；非流动资产是指流动资产以外的资产，包括固定资产、在建工程、无形资产、长期投资等；经管资产是指行政事业单位代表政府经营管理的公共资产，包括公共基础设施、政府储备资产、文物文化资产、保障性住房等；其他资产是指流动资产、非流动资产、经管资产之外的行政事业单位资产，包括待摊费用、受托代理资产、长期待摊费用、待处理财产损溢等。

④ 计量属性及应用

政府资产的计量属性主要包括历史成本、重置成本、现值、公允价值和名义金额。在历史成本计量下，资产按照取得时支付的现金金额或者支付对价的公允价值计量；在重置成本计量下，资产按照现在购买相同或者相似资产所需支付的现金金额计量；在现值计量下，资产按照预计从其持续使用和最终处置中所产生的未来净现金流入量的折现金额计量；在公允价值计量下，资产按照市场参与者在计量日发生的有序交易中，出售资产所能收到的或者转移一项负债所需支付的价格计量。

政府会计主体在对资产进行计量时，一般应当采用历史成本。采用重置成本、现值、公允价值计量的，应当保证所确定的资产金额能够被持续、可靠地计量。无法采用历史成本、重置成本、现值和公允价值计量属性的，采用名义金额（即人民币 1 元）计量。

（2）负债

① 定义

负债是指政府会计主体过去的经济业务或者事项形成的，预期会导致经济资源流出政府会计主体的现时义务。现时义务是指政府会计主体在现行条件下已承担的义务。未来发生的经济业务或者事项形成的义务不属于现时义务，不应当确认为负债。

② 确认条件

符合政府负债定义的义务，在同时满足以下条件时，确认为负债：履行该义务很可能导致具有服务潜力或者经济利益的经济资源流出政府会计主体；该义务的金额能够被可靠地计量。

③ 分类

政府会计主体的负债按照流动性，分为流动负债和非流动负债。流动负债是指预计在 1 年内（含 1 年）偿还的负债，包括短期借款、应付及预收款项、应付职工薪酬、应缴款项等。非流动负债是指流动负债以外的负债，包括长期借款、长期应付款、预计负债等。

④计量属性及应用

政府负债的计量属性主要包括历史成本、现值和公允价值。在历史成本计量下，负债按照因承担现时义务而实际收到的款项或者资产的金额，或者承担现时义务的合同金额，或者按照为偿还负债预期需要支付的现金计量。在现值计量下，负债按照预计期限内需要偿还的未来净现金流出量的折现金额计量；在公允价值计量下，负债按照市场参与者在计量日发生的有序交易中转移负债所需支付的价格计量。

政府会计主体在对负债进行计量时，一般应当采用历史成本。采用现值、公允价值计量的，应当保证所确定的负债金额能够被持续、可靠地计量。

（3）净资产

①定义

净资产是指政府会计主体资产扣除负债后的净额。

②确认条件

净资产的金额取决于资产和负债的计量。收入导致净资产增加，费用导致净资产减少。

③分类

政府单位的净资产一般包括累计盈余、专用基金等。

（4）收入

①定义

收入是指报告期内导致政府会计主体净资产增加的、含有服务潜力或者经济利益的经济资源的流入。

②确认条件

收入的确认应当同时满足以下条件：与收入相关的含有服务潜力或者经济利益的经济资源很可能流入政府会计主体；含有服务潜力或者经济利益的经济资源流入会导致政府会计主体的资产增加或者负债减少；流入金额能够被可靠地计量。

③分类

政府单位的收入从来源上看，一般包括财政拨款收入、事业收入、非同级财政拨款收入、经营收入、上级补助收入、附属单位上缴收入、捐赠收入、投资收益、利息收入、租金收入、其他收入。

（5）费用

① 定义

费用是指报告期内导致政府会计主体净资产减少的、含有服务潜力或者经济利益的经济资源的流出。

② 确认条件

费用的确认应当同时满足以下条件：与费用相关的含有服务潜力或者经济利益的经济资源很可能流出政府会计主体；含有服务潜力或者经济利益的经济资源流出会导致政府会计主体资产减少或者负债增加；流出金额能够被可靠地计量。

③ 分类

政府单位的费用按照功能，一般分为业务活动费用、单位管理费用、资产处置费用、所得税费用、上缴上级费用、对附属单位补助费用、其他费用。业务活动费用按照经济分类，可分为工资福利费用、商品和服务费用、对个人和家庭的补助费用、对企业补助费用、固定资产折旧费用、无形资产摊销费用、公共基础设施折旧（摊销）费用、计提专用基金等。

政府财务会计要素之间的平衡关系为：

$$资产 - 负债 = 净资产$$

$$收入 - 费用 = 净资产变动额（一定时期内净资产增加或减少的金额）$$

2. 政府财务会计记账方法

政府财务会计采用借贷记账法。资产类科目增加记入借方，减少记入贷方，期末余额一般在借方。但存在五个备抵科目，"固定资产累计折旧""无形资产累计摊销""公共基础设施累计折旧（摊销）"和"保障性住房累计折旧"科目分别是"固定资产""无形资产""公共基础设施"和"保障性住房"科目的备抵调整科目；事业单位适用的"坏账准备"科目是"应收账款"和"其他应收款"科目的备抵调整科目，这些备抵调整科目增加记入贷方，减少记入借方，期末余额一般在贷方。负债类科目增加记入贷方，减少记入借方，期末余额一般在贷方。净资产类科目增加记入贷方，减少记入借方，期末余额一般在贷方。收入类科目增加记入贷方，减少记入借方，期末结转转入"本期盈余"科目后，无余额。费用类科目增加记入借方，减少记入贷方，期末结转转入"本期盈余"科目后，无余额。各类账户的记账方向如表 2-4 所示。

表 2-4　政府财务会计各类账户的记账方向

账户类别		借方	贷方	余额方向
资产	一般科目	+	−	借方
	五个备抵调整科目： "固定资产累计折旧" "无形资产累计摊销" "公共基础设施累计折旧（摊销）" "保障性住房累计折旧" "坏账准备"	−	+	贷方
负债		−	+	贷方
净资产		−	+	贷方
收入		−	+	期末结转后余额
费用		+	−	期末结转后余额

（二）预算会计

预算会计是指以收付实现制为基础对政府会计主体预算执行过程中发生的全部收入和全部支出进行会计核算，主要反映和监督预算收支执行情况的会计。预算会计核算内容与预算更加一致，收支口径更为清晰，收付实现制的核算基础更加纯粹，预算会计收支核算范围更能体现新《预算法》精神及部门综合预算要求，能够提升决算工作效率。

1. 政府预算会计要素

政府预算会计包括预算收入、预算支出和预算结余三个要素。

（1）预算收入

①定义

预算收入是指政府会计主体在预算年度内依法取得的并纳入预算管理的现金流入。

② 确认条件

预算收入一般在实际收到时予以确认，以实际收到的金额计量。

③ 分类

政府单位的预算收入按照来源，分为财政拨款预算收入、事业预算收入、非同级财政拨款预算收入、经营预算收入、投资预算收益、债务预算收入、上级补助预算收入、附属单位上缴预算收入、其他预算收入。

（2）预算支出

① 定义

预算支出是指政府会计主体在预算年度内依法发生并纳入预算管理的现金流出。

② 确认条件

预算支出一般在实际支付时予以确认，以实际支付的金额计量。

③ 分类

政府单位的预算支出，包括行政支出、事业支出、经营支出、上缴上级支出、对附属单位补助支出、投资支出、债务还本支出、其他支出。

（3）预算结余

① 定义

预算结余是指政府会计主体在预算年度内预算收入扣除预算支出后的资金余额，以及历年滚存的资金余额。

预算结余包括结余资金和结转资金。结余资金是指年度预算执行终了，预算收入实际完成数扣除预算支出和结转资金后剩余的资金。结转资金是指预算安排项目的支出年终尚未执行完毕或者因故未执行，且下年需要按原用途继续使用的资金。

② 分类

政府单位的预算结余资金，一般包括财政拨款结转、财政拨款结余、非财政拨款结转、非财政拨款结余等。

政府预算会计要素之间的平衡关系为：

$$预算收入 - 预算支出 = 预算结余$$

2.政府预算会计记账方法

政府预算会计采用借贷记账法。预算收入类科目增加记入贷方，减少记入借方，年末结转后无余额。预算支出类科目增加记入借方，减少记入贷方，年末结转后无余额。预算结余类科目分为两种情况：一是"资金结存"科目同资产类科目一样，增加记入借方，减少记入贷方，期末余额在借方；二是结转结余类科目增加记入贷方，减少记入借方，期末余额一般在贷方。各类账户的记账方向如表2-5所示。

表2-5 政府预算会计各类账户的记账方向

账户类别		借方	贷方	余额方向
预算收入		−	+	年末结转后无余额
预算支出		+	−	年末结转后无余额
预算结余	"资金结存"科目	+	−	借方
	"结转结余"科目	−	+	贷方

综上，政府会计要素共有八个。其中，五个为财务会计要素，三个为预算会计要素。五个财务会计要素构成政府财务会计报表，三个预算会计要素构成政府预算会计报表或政府决算报表。

二、"双基础"：权责发生制与收付实现制

会计基础是指会计确认、计量和报告的基础，主要有权责发生制和收付实现制两种。单位财务会计核算实行权责发生制，单位预算会计核算实行收付实现制，国务院另有规定的，依照其规定。具体情况如表2-6所示。

表2-6 "双基础"：权责发生制与收付实现制

财务会计	预算会计
实行权责发生制	实行收付实现制，国务院另有规定的，依照其规定

（一）权责发生制

1.定义

权责发生制是指以取得收取款项的权利或支付款项的义务为标志来确定

本期收入和费用的会计核算基础。凡是当期已经实现的收入和已经发生的或应当负担的费用，不论款项是否收付，都应当作为当期的收入和费用；凡是不属于当期收入和费用的，即使款项已在当期收付，也不应当作为当期的收入和费用。

2. 权责发生制在政府会计中的应用

《基本准则》和《政府会计制度》都规定，政府单位财务会计实行权责发生制。这是政府会计改革的最大亮点，是建立权责发生制政府综合财务报告制度的重要基础，是贯彻落实《改革方案》的重要体现。

在权责发生制的基础上，只要经济事项发生在当期，符合收入的条件，就必须确认为收入，同权利和责任的形成相联系，而无论这个收入涉及的资金当期是否发生。

相对于收付实现制，权责发生制更能够体现经济业务或者事项的本质以及权责义务。例如，预算支出有消耗性支出，也有资本性支出，消耗性支出反映政府当期的运行成本，而资本性支出形成公共资产，其价值随着资产未来的使用而逐步消耗，按照权责发生制原则，应当对资本性支出形成的资产计提折旧或摊销，以合理确定各期的成本费用。又如，某行政单位采用直接支付的方式购入一项设备，采用财务会计核算，对资本性的投入应确认一项资产，而不能直接列为当期费用，借记"固定资产"科目，贷记"财政拨款收入"科目，在固定资产使用过程中，要根据其受益年限按月计提折旧，借记费用类科目，贷记"固定资产累计折旧"科目；而按照预算会计，应当在发生直接支付时就反映当期支出，借记支出类科目，贷记"财政拨款预算收入"科目。再如，某事业单位预收一笔横向课题经费，按照预算会计，在收到款项时应确认"事业预算收入"。但按照财务会计，在收到款项时应首先确认"预收账款"，再按照课题进度或支出进度分次确认"事业收入"。

（二）收付实现制

1. 定义

收付实现制是指以现金的实际收付为标志来确定本期收入和支出的会计核算基础。凡是在当期实际收到的现金收入和支出，均应作为当期的收入和支出；凡是不属于当期的现金收入和支出，均不应当作为当期的收入和支出。

2.收付实现制在政府会计中的应用

长期以来，我国政府领域实行的是以收付实现制为核算基础的预算会计体系，主要反映政府预算执行情况，这为准确反映预算收支情况、加强预算管理和监督发挥了重要作用。

《预算法》第五十八条规定，各级预算的收入和支出实行收付实现制。特定事项按照国务院的规定实行权责发生制的有关情况，应当向本级人民代表大会常务委员会报告。《基本准则》和《政府会计制度》都规定，政府单位预算会计实行收付实现制，国务院另有规定的，依照其规定。因此，就实现反映政府会计主体预算执行情况的预算会计系统而言，收付实现制无疑是最佳选择。在该原则下，政府会计主体只要收到资金，就必须确认收入，与货币资金的收付紧密联系，而不管该经济事项是否发生于当期，不考虑权利和责任是否发生。

综上，行政事业单位会计同时采用收付实现制基础和权责发生制基础，采用平行记账的会计核算方法。

三、 "双报告"：政府财务报告和政府决算报告

行政事业单位通过财务会计核算形成政府财务报告，通过预算会计核算形成政府决算报告，即"双报告"。具体情况如表2-7所示。

表2-7 "双报告"：政府财务报告和政府决算报告

财务会计	预算会计
政府财务报告	政府决算报告
主要以权责发生制为基础	主要以收付实现制为基础
以财务会计核算生成的数据为准	以预算会计核算生成的数据为准
政府财务报告的目标是向财务报告使用者提供与政府财务状况、运行情况、现金流量等有关的信息，反映政府会计主体公共受托责任的履行情况，有助于财务报告使用者做出决策或者进行监督和管理	政府决算报告的目标是向决算报告使用者提供与政府预算执行情况有关的信息，综合反映政府会计主体预算收支的年度执行结果，有助于决算报告使用者进行监督和管理，并为编制后续年度预算提供参考和依据

（一）政府财务报告

政府财务报告是反映政府会计主体某一特定日期的财务状况和某一会计期间的运行情况、现金流量等信息的文件。政府财务报告应当包括财务报表和其他应当在财务报告中披露的相关信息和资料。财务报表是对政府会计主体财务状况、运行情况、现金流量等信息的结构性表述。

政府财务报告包括政府综合财务报告和政府部门财务报告。其中，政府综合财务报告是指由政府财政部门编制的，反映各级政府整体财务状况、运行情况和财政中长期可持续性的报告；政府部门财务报告是指政府各部门、各单位按规定编制的，反映本部门、本单位的财务状况和运行情况的财务报告。政府会计主体应当根据相关规定编制合并财务报表。

政府财务报告的编制主要以权责发生制为基础，以财务会计核算生成的数据为准。政府财务报告的目标是向财务报告使用者提供与政府财务状况、运行情况、现金流量等有关的信息，反映政府会计主体公共受托责任的履行情况，有助于财务报告使用者做出决策或者进行监督和管理。政府财务报告使用者包括各级人民代表大会常务委员会、债权人、各级政府及其有关部门、政府会计主体自身和其他利益相关者。

（二）政府决算报告

政府决算报告是综合反映政府会计主体年度预算收支执行结果的文件。政府决算报告应当包括决算报表和其他应当在决算报告中反映的相关信息和资料。

在现行实务中，政府决算报表分别由财政总预算会计报表和行政事业单位预算会计报表组成。其中，财政总预算会计报表反映一级政府层面财政预算的执行情况，行政事业单位预算会计报表反映行政事业单位预算的执行情况。行政事业单位预算会计报表按政府部门汇总后，形成政府部门预算会计报表，反映政府部门预算的执行情况。

政府决算报告的编制主要以收付实现制为基础，以预算会计核算生成的数据为准。政府决算报告的目标是向决算报告使用者提供与政府预算执行情况有关的信息，综合反映政府会计主体预算收支的年度执行结果，有助于决算报告使用者进行监督和管理，并为编制后续年度预算提供参考和依据。政府决算报告使用者包括各级人民代表大会及其常务委员会、各级政府及其有关部门、政府会计主体自身、社会公众和其他利益相关者。

（三）行政事业单位编制财务会计报表和预算会计报表的一般要求

单位应当按照下列规定编制财务会计报表和预算会计报表：① 财务会计报表的编制主要以权责发生制为基础，以单位财务会计核算生成的数据为准；预算会计报表的编制主要以收付实现制为基础，以单位预算会计核算生成的数据为准。② 财务会计报表由会计报表及其附注构成。财务会计报表一般包括资产负债表、收入费用表和净资产变动表。单位可根据实际情况自行选择编制现金流量表。③ 预算会计报表至少包括预算收入支出表、预算结转结余变动表和财政拨款预算收入支出表。④ 单位应当至少按照年度编制财务会计报表和预算会计报表。⑤ 单位应当根据《政府会计制度》的规定编制真实、完整的财务会计报表和预算会计报表，不得违反制度规定随意改变财务会计报表和预算会计报表的编制基础、编制依据、编制原则和方法，不得随意改变制度规定的财务会计报表和预算会计报表有关数据的会计口径。⑥ 财务会计报表和预算会计报表应当根据登记完整、核对无误的账簿记录和其他有关资料编制，做到数字真实、计算准确、内容完整、编报及时。⑦ 财务会计报表和预算会计报表应当由单位负责人和主管会计工作的负责人、会计机构负责人（会计主管人员）签名并盖章。

第五节　财务会计与预算会计"平行记账"

财务会计与预算会计"平行记账"，就是将所有外来原始凭证均纳入财务会计账套，通过财务会计账套来实现政府会计主体账、证、表、实四大要素核对相符；预算会计账套的账务处理是在财务会计账套账务处理的基础上"平行"进行的。"平行记账"这种方式能够使财务会计、预算会计两个体系更具系统性、逻辑性和完整性。

一、"平行记账"的判断

行政事业单位对纳入部门预算管理的现金收支业务，在采用财务会计核算的同时应当进行预算会计核算；对于其他业务，仅需进行财务会计核算，这明确了预算会计核算的经济业务范围。资金核算的范围不仅包括财政资金，还包括纳入预算管理的资金。

需要注意的是，并不是单位所有的现金流入、流出业务都需要在预算会计体系中核算。在实际操作中，一般情况下，先进行财务会计的核算，再判断该经济业务是否需要在预算会计中核算。我们可以通过以下两种方法进行判断：第一个方法是，该业务是不是现金收支业务，如果不是，则不需要进行预算会计核算，仅需在财务会计中核算；第二个方法是，如果该业务是现金收支业务，则进一步判断这一收支业务是否纳入部门预算管理，如果纳入，则在预算会计中核算。具体情况如表 2-8 所示。

表 2-8　判断"平行记账"情况

是不是现金收支业务	是否纳入部门预算管理	是否进行平行记账
是	是	是
是	否	否
否	是	否
否	否	否

（一）现金收支业务

这里的现金，并不仅仅是指库存现金，而是一个大的现金概念。一般情况下，当财务会计下"财政拨款收入（即通过财政直接支付方式支付的款项）""零余额账户用款额度""财政应返还额度""库存现金""银行存款"和"其他货币资金"六个会计科目发生增减变动，但不涉及结转业务时，在预算会计下应同时进行会计处理，即"平行记账"。

（二）纳入部门预算管理

财政部于 2018 年 12 月 6 日发布的《关于进一步做好政府会计准则制度新旧衔接和加强行政事业单位资产核算的通知》规定，单位应当按照部门综合预算管理的要求，对纳入部门预算管理的全部现金收支业务进行预算会计核算。未纳入年初批复的预算但纳入决算报表编制范围的非财政拨款收支，应当进行预算会计核算。未纳入部门预决算管理范围的事业单位，可以不执行《政府会计制度——行政事业单位会计科目和报表》中的预算会计内容，只执行财务会计内容。

二、财务会计科目与预算会计科目的关联关系

具有关联关系的收入和预算收入类、费用和支出类、货币资金类科目如表 2-9、表 2-10、表 2-11 所示。

表 2-9　具有关联关系的收入和预算收入类科目

财务会计科目	预算会计科目
财政拨款收入	财政拨款预算收入
事业收入	事业预算收入
上级补助收入	上级补助预算收入
附属单位上缴收入	附属单位上缴预算收入
经营收入	经营预算收入
非同级财政拨款收入	非同级财政拨款预算收入
投资收益	投资预算收益
捐赠收入	其他预算收入
利息收入	
租金收入	
其他收入	
短期借款、长期借款	债务预算收入

表2-10　具有关联关系的费用和支出类科目

财务会计科目	预算会计科目
业务活动费用	行政支出、事业支出
单位管理费用	事业支出
经营费用	经营支出
上缴上级费用	上缴上级支出
对附属单位补助费用	对附属单位补助支出
所得税费用	非财政拨款结余——累计结余
资产处置费用、其他费用	其他支出
短期投资、长期股权投资、长期债权投资	投资支出
短期借款、长期借款	债务还本支出

表2-11　具有关联关系的货币资金类科目

财务会计科目	预算会计科目
库存现金	资金结存——货币资金
银行存款	
其他货币资金	
零余额账户用款额度	资金结存——零余额账户用款额度
财政应返还额度	资金结存——财政应返还额度

　　财务会计类"以前年度盈余调整"科目分别与预算会计类"财政拨款结转——年初余额调整""财政拨款结余——年初余额调整""非财政拨款结转——年初余额调整"和"非财政拨款结余——年初余额调整"科目具有关联关系。

第三章 行政事业单位预算管理

第一节 预算的概念和内容

一、预算的概念

行政事业单位预算是行政事业单位根据公共事业发展计划和公共事务的管理任务编制的，并经过规定程序批准的年度财务收支计划，包括行政单位预算、事业单位预算两部分。

二、预算的内容

（一）行政单位预算的内容

1. 收入预算

行政单位收入预算是指，行政单位在预算年度取得的各项收入以及用于各项支出的情况，包括财政预算拨款收入、预算外资金收入和其他收入。行政单位在编制预算时，应按规定合理划分不同类型的收入，将应列入预算的各项收入全部列入预算，不得遗漏，没有收入数额的项目可以空置。

（1）财政预算拨款收入

财政预算拨款收入反映财政拨给行政单位的经费数额及用途，拨入的专项经费要在财政预算拨款收入项下单列反映，根据机构编制主管部门核定的单位编制和财政部门核定的定额，结合行政工作任务需要和财力可能，逐项计算编列。

（2）预算外资金收入

预算外资金收入是指财政部门按规定的，从财政专户核拨给行政单位的预算外资金收入和财政部门核准由单位留用的预算外资金收入的合计数，反映本预算年度可由单位支配使用的预算外资金收入金额数，是"可用预算外资金收入"。一般根据预计缴入财政专户数和按规定留用不缴财政专户的预算外资金数额确定。按规定应上缴财政预算的罚没款和行政性收费（包括基金）收入，应及时足额上缴财政预算，不得列入单位收入预算，用于各项支出。按规定暂未纳入财政预算管理的行政收费等预算外资金，应按规定进行处理，除经批准由单位留用的之外，其余均应及时足额上缴财政专户，实行收支两条线管理。缴入财政专户的预算外资金不能作为单位收入直接列入收入预算，但可用预算外资金收入应作为单位收入列入收入预算。

（3）其他收入

其他收入反映非独立核算后勤机构取得的各项收入以及其他服务性收入等，包括固定资产有偿转让收入、出租出借收入、报损残值变价收入、利息收入、非独立核算单位的刊物发行收入、服务收入等。其他收入应列入单位收入预算，用于本单位的支出。其他收入按"节"级科目分项填列。有收费标准的项目，应按照标准计算编列；没有收费标准的项目，则应根据上年执行情况，结合预算年度相关因素编列。行政单位编制预算时，应按规定合理划分不同类型收入，将应列入预算的各项收入全部列入，不得遗漏，非独立核算后勤机构取得的各项收入，以及其他服务性收入等其他收入也应列入单位收入预算。将除财政预算拨款收入之外的可用预算外资金收入和其他收入，连同财政预算拨款收入一起纳入单位收入预算，并不意味着国家鼓励行政单位组织创收活动，也不改变财政预算拨款是行政单位资金来源主渠道的资金供给方式。

2. 支出预算

行政单位支出预算包括经常性支出（含预算外资金支出）、专项支出（含预算外资金支出）和自筹基本建设支出等多项内容。支出预算要在合理分类的基础上根据要求分别编列。

（1）经常性支出

经常性支出是维持单位日常基本运转所需要的支出，编制时应按其用途列入相应的预算科目。其中，人员经费支出项目应按编制人数和规定标准计算编列；公用经费支出项目应按支出定额计算，没有支出定额的，应按上年实际支出数，并考虑本年度增减变化因素编列。

（2）专项支出

专项支出主要包括大型设备购置费、大型修缮费、大型会议费和专项业务费，可按照支出用途分别编列到有关项目，或按专项工作任务分项编列，并参考有关开支水平和定额标准编列。专项支出应当有详细说明。

（3）自筹基本建设支出

自筹基本建设支出是行政单位经批准用财政预算拨款收入以外的资金安排自筹基本建设时发生的支出。自筹资金安排基本建设应先落实资金来源，并按审批权限，报经有关部门列入基本建设计划，按照有关部门批准的投资规模和单位筹资能力计算编列。自筹基本建设支出应严格控制，在保证正常工作支出需要和预算收支平衡的基础上统筹安排，报主管部门和财政部门核批。经审核批准的自筹基本建设资金纳入基本建设财务管理，并在年度预算中单独反映。行政单位对预算收支各部分计算的结果进行综合后，就形成了行政单位预算。行政单位预算的编制要坚持收支平衡的原则，并按统筹兼顾、确保重点的原则安排各项支出。财政预算拨款收入应根据管理要求用于经常性支出和专项支出，尤其要优先安排用于保证人员基本工资和开展公务活动必不可少的开支，在此前提下，统筹安排其他各项支出。用于职工待遇方面的支出，必须符合国家规定的范围和标准。

（二）事业单位预算的内容

事业单位预算是指事业单位根据事业发展计划和任务编制的年度财务收支计划，是事业单位财务工作的基本依据，它反映了事业单位一个会计年度财务收支的规模。

事业单位预算由收入预算和支出预算两部分组成。收入预算包括：财政补助收入、上级补助收入、拨入专款、事业收入、经营收入、附属单位缴款、其他收入；支出预算包括：拨出经费、拨出专款、专款支出、事业支出、经营支出、成本费用、销售税金、对附属单位补助、上缴上级支出、结转自筹基建等。

第二节　预算的编制

一、预算编制的原则

为了科学、合理地编制部门预算，行政事业单位在编制预算的过程中，应遵循以下原则：

（一）政策性原则

作为财务管理重要内容之一的行政事业单位预算编制，必须体现国家的有关方针、政策。在编制预算的过程中，应当以国家的有关方针、政策和各项财务制度为依据，根据完成事业计划和行政工作任务的需要，正确处理需要与可能的矛盾，保证重点，兼顾一般，实事求是地编制预算。

（二）可靠性原则

行政事业单位预算一经批准，便要严格执行，一般不能调整。因此，行政事业单位在编制预算时要做到稳妥可靠、量入为出、收支平衡，不得编制赤字预算；对每项收支项目的数字指标，要运用科学的方法，依据确切可靠的资料和收支变化的规律，认真进行测算，切实做到各项数据真实可靠。具体来讲，单位的收入预算要积极可靠、留有余地，对没有把握的收入项目和数额，不能纳入收入预算，以免在收入不能实现的情况下支出大于收入，造成单位收支预算失衡；支出预算要建立在稳妥可靠的收入的基础上，不能预留硬缺口，避免预算核定以后，不断调整支出预算。

（三）合理性原则

行政事业单位编制预算要正确处理整体与局部、事业需要与财力可能的关系，做到科学、合理地安排各项资金，使有限的资金发挥最大的效益。在编制预算时，既要按照保证重点、兼顾一般的要求，又要妥善安排好其他各项支出。支出中有两部分必须优先予以保证：一是刚性支出，如人员工资、社会保障费等；二是满足业务工作正常运转必不可少的支出，如必要的公务费、业务费、修缮费、设备购置费等。

（四）完整性原则

行政事业单位在编制预算时，必须将单位取得的财政拨款和其他各项收入以及各项支出完整、全面地反映在预算中，不得在预算之外另留收支项目。

（五）统一性原则

行政事业单位在编制预算时，要按照国家统一设置的预算表格和统一的口径、程序以及计算方法填列有关的收支数字指标。

（六）绩效性原则

部门预算应建立绩效考评制度，对预算的执行过程和完成结果实行全面的追踪问效，不断提高预算资金的使用效益。在项目申报阶段，要对申报项目进行充分的可行性论证，以保障项目确实必需、可行；在项目执行阶段，要建立严格的内部审核制度和重大项目建设成果报告制度，以对项目进程资金使用情况进行监督，对阶段性成果进行考核评价；在项目完成阶段，项目单位要及时组织验收和总结。

二、预算编制的准备工作

（一）核实各项基本数字

基本数字是反映单位机构规模、工作量和人员配置等情况的基本统计数据，主要包括单位机构数、人员编制数、在职实有人数、离退休人数、房屋建筑物面积、机动车辆数、设备台数等基本数据资料。通过对上述数据的审核，剔除那些不实或非正常性的支出因素，如未经批准擅自超编的人数等，确定编制本年度预算的基本数字。

（二）分析上年度预算执行情况

行政事业单位上年度预算执行情况是编制本年度预算的重要依据。单位预算中的各项财务收支计划指标是以上一年度预算执行数为依据，并根据本年度事业发展计划和工作任务的要求，结合财力的可能来确定的。因此，正确预计和分析上一年度预算执行情况，是编制本年度预算的一项非常重要的准备工作。具体内容包括：统计上年已发生月份的累计实际执行数，以预计全年收支数；分析上年度的组织计划和组织行政任务完成情况、预算执行情况，找出其内在规律性，分析、预测发展趋势；分析各项资金来源及变化情况；分析物价、收支标准及定员、定额的变化情况，计算其对预算期的影响程度；分析资金使用中存在的问题，研究并提出改进意见；分析上年出台的有关政策对预算期收支的影响程度。

（三）分析影响预算期收支的有关因素

行政事业单位在分析、整理上年预算执行情况的基础上，还要注意收集、掌握同编制预算有关的因素，主要包括：预算期内事业计划和工作任务的安排情况；预算期内各类人员实有数或定员比例的变动情况；预算期内需要购置和维修的设备、房屋的基本情况；预算期内市场物价和收支标准的变动情况；预算期内新出台的政策对收支的影响情况。

（四）正确领会上级有关部门对预算编制的要求

为保证预算编制的统一性和规范性，在预算编制前，相关人员必须认真学习关于编制预算的规定，正确领会编制预算的有关要求，熟悉预算收支科目和表格，以便其高质量地完成预算编制工作。

三、预算编制的方法

（一）基数法

基数法又称基数增长法。它是以本单位或本部门报告年度收支执行数作为参照依据，然后考虑影响计划年度收支的可能因素，在报告年度的基础上编制计划年度单位预算的一种方法。因多数情况是在报告年度预算的基础上进行增加，所以又称基数增长法。其中，各种影响因素主要包括市场价格和收费标准、工资标准、人员增减变化、各项开支标准和机构变化等，这些都会影响公共组织收入、支出指标。

基数法的基本计算公式为：

计划年度收支预算数＝报告年度收支执行数 ± 影响计划年度收支的各种因素

或：

计划年度收支预算数＝报告年度收入（支出）执行数 ×（1+ 增长比例）

按照基数法编制预算，相对而言是比较简单的。这种方法一般适合各项基本数字管理比较完善的主管部门，即部门预算编制。但是，运用基数法编制预算局限性很大。"承认既成事实"既是基数法的特点，又是其难以消除的弊端。所谓承认既成事实，就是不考虑影响收支的因素是否已经发生变化，也不考虑已经发生的收支是否合理。运用基数法编制预算，实际上是在承认既成事实的前提下，编制的增量预算。特别是各项支出只有升，没有降，所以也有人称它为基数增长法。这种方法还容易导致单位不同部门之间苦乐不均，助长不良之风。因此，不宜单独采用，可辅之以其他方法。

（二）零基法

零基法是指在编制预算时，不考虑基期情况，或者将基期设定为"零"，即一切从零开始编制预算的一种方法。运用零基法编制预算，编制要求比较高，工作量比较大，编制的时间也相对较长。零基法运用得当，可以排除基数中的不合理因素，使单位收支指标更加切合实际情况，在一定程度上反映了资金分配的科学性和合理性。同时，零基法可以调整各单位之间的利益格局，缓解单位之间苦乐不均的矛盾。这对发挥预算的分配、监督和调控作用，科学合理地安排单位经费预算，具有积极意义。

20 世纪 90 年代以来，我国部分省市先后试行了零基预算改革，这是突破传统预算编制方式的大胆尝试。随着部门预算改革的推进，零基预算现已在全国各地的公共组织预算编制中全面推开，并取得了较好的成效。

基数法和零基法不是完全对立的两种编制预算的方法，在实践中可以交替使用，互相参照。零基法更适合用于发展经费和设备购置等专项经费预算的编制。

四、预算编制的计算方法

（一）定额测算法

定额测算法是编制行政事业单位预算的最常见的一种基本方法，是根据预先核定的预算定额和相关的基本数字来测算收支指标的，特别适合按照定员或其他基本数字计算的项目。比如，人员支出中的基本工资、津贴和公用支出中的车辆燃修费等预算指标的测算，都可以运用定额法测算。它的基本要求是，首先核实基本数字，然后确定每一单位定额，将定额与基本数字相乘，就可以得出所要的数据。

（二）标准测算法

标准测算法是按照制度规定的收支标准，测算预算收支指标的一种方法。它是根据预先规定的具体的收支项目标准和相关的基本数字来测算收支指标的，适用于国家规定了明确收支标准的一些项目。比如，高等学校学费收入、防暑降温费、冬季取暖补贴、独生子女费、医院门诊挂号费、有关诊疗费收入等预算收支指标的测算，都可以运用标准法测算。

（三）比例测算法

比例测算法是根据一个现有的数据，在其基础上按照一定比例测算预算指标的一种方法。它是以预先测算出（或规定）的一个基础数据为计算基数，然后按照国家规定的适用比例与之相乘来测算预算指标的，适用于按比例掌握开支的经费预算。比如，职工福利费、工会经费、住房公积金、社会保险缴费等预算指标，都可以运用比例法进行测算。

（四）比较测算法

比较测算法是对与上年相同的项目或与同类单位条件相同的项目进行测算时采用的一种方法。它的基本前提是项目具有可比性、可参照性。比如，办公费中的一般办公用品支出就可以采用这种方法进行测算。

（五）推算测算法

推算测算法是对影响收支指标的各项因素进行综合分析后，估算有关收支指标的一种方法。比如，维修费、专业材料购置费等，可以采用这种方法进行测算。比较测算法和推算测算法通常是在无法核定预算定额或无规定标准的预算项目时采用的。

五、预算编制的程序

（一）单位上报预算建议数

在充分做好预算编制准备工作的基础上，按照财政部门和上级主管部门布置的具体要求和规定的表格样式，编报单位本年度全部收入、支出建议数，包括申请财政补助建议数。完成单位预算建议数编制工作后，要写出较为详细的说明，并在规定时间内及时上报。基层预算单位直接报送主管部门；二级预算单位应将下属单位年度预算建议数与本单位预算建议数汇总后上报预算主管部门；主管部门应将所属单位预算建议数与本单位预算建议数汇总后报送同级财政部门；与财政部门有直接经费缴拨关系的单位直接向财政部门报送预算报表。

（二）财政部门下达预算控制数

财政部门在接到各主管部门报送的行政事业单位预算建议数后，先进行审核；然后结合预算年度财政可供给的财力，将有关预算控制指标（包括财政补助指标）分解、下达到各行政主管部门或单位，作为单位编制年度正式预算的依据。

（三）单位编报正式预算草案

根据财政部门和主管部门下达的预算控制数，结合本单位预算年度的收支情况，特别是财政拨款（补助）数额的变动情况，本着"量入为出、收支平衡"的原则，分清轻重缓急，对相关支出项目进行调整，编制正式的单位预算，经主管部门审核汇总后报财政部门。

（四）财政部门正式批复预算

财政部门在收到行政事业单位主管部门（或同财政部门有直接缴拨经费关系的公共组织）报送的单位预算后，对符合编制要求的，在规定期限内批复下达。单位预算一经批准，即正式成为预算执行的依据，各单位必须认真贯彻执行，不得随意变动。如果确需调整预算，应严格按规定程序进行。各行政主管部门逐级汇报所属单位预算财政部门，其年度预算核定和批复事宜，由同级财政部门根据木级人大或政府的审批意见办理。主管部门根据财政部门的批复内容逐级批复，各单位据以执行。

六、预算编制的策略

（一）加强培训，提高水平

一是在预算编制前对编制人员培训，使编制人员在思想上重视、在业务能力上适应编制工作的需要。财务部门在编制部门预算时，要做好编制预算的准备工作。比如，大宗办公用品、办公设备和专用仪器设备的采购，应采用政府采购方式，对采购项目、数量、资金来源等进行详细编制。建设性项目和专项支出应递交支出项目申请，同时出具项目论证报告，准确地确定预算项目所需资金。

二是财务部门会同项目支出申请股室及单位，根据事业发展规划，认真审核项目支出预算，根据项目发展的重要性、可行性和效益，分清轻重缓急，合理安排项目资金。必须保证政府安排的刚性支出项目，优先保障单位所需的运行资金，不留硬缺口。三是对部门运作中容易失控的支出项目，例如会议支出、招待等，要合理分解并严格标准，未经批准，不得超出预算范围，尽量做到年度预算与核算相符。

（二）预算问责，科学编制

一是加强对行政事业单位主要领导的教育培训，提高他们对预算重要性的认识，强化他们的预算意识。推行预算问责制，使主要领导和编制人员转变思想观念，避免在预算过程中出现搞形式、走过场的现象，消除只重视单位自身利益、不考虑全局的片面思想和只看眼前、不看长远的短期行为，把预算编制同单位部门的发展规划结合起来。

二是行政事业单位在预算编制上要立足部门实际，从宏观上进行编制，增强前瞻性。将宏观调控与细节预算相结合，充分考虑财政支出的各个方面，做到不遗漏、不好高骛远，减少预算的盲目性。在预算编制前，认真、细致地进行调研并进行科学论证，严格按程序进行预算编制，确保预算编制的科学性。

（三）绩效评价，责任量化

一是对预算执行的全过程进行绩效监控和考评，将绩效监控与项目实施进展相结合，及时发现偏离目标的问题，并对预算所确定的支出总量和结构进行相应的调整，以保证目标的实现。通过绩效结果与绩效目标的对比，对单位履行职能的情况或项目效果做出客观、公正的评价。

二是不断完善绩效评价指标体系、方法体系和标准体系。结合绩效评价工作实际，逐步建立并完善共性指标和个性指标相结合、定性指标和定量指标相结合的绩效评价指标体系。结合部门实际，建立统一、规范的绩效评价标准，使部门之间的绩效评价标准具有可比性，增强绩效评价结果的实用性。

三是加强对绩效评价工作的组织和协调。建立政府支持、财政部门主导、其他部门密切协作、公众积极参与的工作机制。健全绩效评价工作机构，明确各自的职责范围。将评价结果纳入政府目标管理考核范围，增强绩效评价的效果。

四是建立行政问责制度。在科学划分组织和个人职责的基础上，建立预算编制、执行、监督、绩效评价的主体责任追究制度，实现责任量化，将行政文字制度与个人职务晋升、工资待遇紧密挂钩，推进预算编制、使用管理的规范化、科学化。

（四）零基预算，组织优化

一是探索和采用零基预算编制法，不考虑以前年度的预算，重新考虑和审视现在单位所有的资源，分析预算期的需要，分析费用和项目金额的合理性。审查单位的所有业务要素，创造高效精简的组织。

二是对有项目特别是大型基础项目的单位，采用项目预算。对有生产和研发项目的单位，采用作业预算，使单位的预算变得更准确。

（五）多方监督，预算公开

市人大、审计等监督部门，在财政部门下达预算控制数和绩效目标前，应根据预算编制部门上报的预算，及时对预算内容及项目的可行性和必要性进行审查，提出建议与意见；应将财政管理基础信息、财政收支运行数据，以及其他外部相关信息纳入大数据平台，统一口径和数据内涵，全面记录财政资金和资产运行情况，实现财政经济数据集中存储和统一管理，帮助财政部门实施财政监督。同时，积极稳妥推进预算公开工作，进一步强化公开责任，利用电子数据共享平台，逐步推进预决算、评价体系和监督结果的社会公开透明化，接受公众监督。

第三节　预算的审批

一、预算的审批内容

行政事业单位预算的审批内容包括以下五个方面：

（一）政策性审核

政策性审核是指审核单位编制的建议数是否体现了国家的有关方针、政策和财务规章制度；是否符合国家关于编制预算草案的指示精神。

（二）可靠性审核

可靠性审核是指审核单位收支项目是否全部纳入单位预算；有无在预算之外另留收支项目；预算所列各项收支数字是否稳妥可靠；预算的编制是否坚持了"量入为出、收支平衡"的原则。

（三）合理性审核

合理性审核是指审核单位收入来源是否合法、合理；资金分配和各项支出项目的安排是否恰当；预算收支安排是否符合国家预算管理体制的要求。

（四）完整性审核

完整性审核是指审核预算编制的内容是否完整；口径是否与编制要求一致；资料是否准确；预算编制的文字说明是否符合要求。

（五）技术性审核

技术性审核是指审核预算编制有无技术和数字上的差错。比如，表格、数字填列等是否符合要求，表格和项目内容有无错填和遗漏，总表、明细表、附表之间是否衔接以及数据是否吻合，有无漏填错报等问题。

二、财政部门审批单位预算的内容

对收入预算，应逐项核定收入指标。核定行政单位收入预算时，应明确核定财政预算拨款收入、预算外资金收入和其他收入的收入指标；核定事业单位收入预算时，应明确核定财政补助收入、事业收入（含从财政专户核拨的预算外资金收入）、经营收入等各项收入指标。

对支出预算要统筹兼顾、全面安排，确保重点支出需要。核定事业单位支出预算时，在核定事业支出、经营支出、自筹基本建设支出等分类支出数额的前提下，还应核定基本工资、津贴、奖金、福利费、社保缴费、办公费、维修费、设备购置费等重点项目的支出数额；核定行政单位支出预算时，在核定经常性支出和专项支出数额的前提下，还应按用途核定到目级科目。经批准的自筹基本建设支出，应按照有关部门批准的投资规模和单位筹资能力批复。

三、预算审批后的调整

行政事业单位预算经财政部门批准后，在执行过程中如遇特殊情况，可以按照规定的程序报批后，进行预算调整。

（一）单位预算的追加或追减

在预算执行过程中，当国家政策、计划和任务等有较大的变动，如提高职工的工资标准、经过批准增加或撤销机构等，对单位收支预算影响较大时，单位可以按照规定的程序，报经主管部门或者财政部门批准后，办理年度预算的追加或追减。

单位预算追加或追减的事项，应遵循下列要求办理：当财政预算拨款和从财政专户核拨的预算外资金预算需要调整时，应按规定程序逐级报请主管部门或财政部门审批。当其他各项收入预算发生变化需要调整时，应根据收支平衡的原则由单位自行调整，并报主管部门或财政部门备案，由主管部门或财政部门批复决算时审核确定。收入预算调整后，应相应调整支出预算。

（二）预算科目的流用

在预算执行过程中，因原定预算指标预计不周或情况发生变化，预算科目之间出现此余彼缺的现象时有发生，为了保证计划和任务的完成，需要进行相应的改变或调整。科目之间的流用，应按照以下要求办理：一是调剂权限必须和审批权限一致；二是调剂只能此增彼减，不能突破预算总额；三个调剂要有利于提高资金的使用效益。

（三）单位预算的划转

若单位隶属关系发生改变，应将其全年预算划归新的主管部门或接管单位。

单位预算的划转，应遵循下列要求办理：预算指标的划转，由财政部门和主管部门共同办理；划转时应按照单位全年预算指标划转，包括年度预算中已执行的部分。

第四节　预算的执行

一、预算执行的任务

（一）合理分解年度预算，落实管理责任

各单位应根据财政部门和主管部门核定的预算，紧紧围绕事业计划和行政任务，及时将收支指标分解到单位内部各有关部门，同时应提出管理的目标、要求和责任。通过对年度预算的合理分解，调动单位内部各部门当家理财的积极性，这是保证完成单位预算的重要条件之一。同时，单位财务部门应加强对单位内部各部门的指导工作，合理控制用款进度，保证预算期间各阶段的资金需要。

（二）依法组织收入，保证收入任务的完成

单位预算中由单位自身组织的那部分收入是尚未实现的收入，各单位应根据核定的收入预算，按照国家政策规定，依法组织收入，把应收的各项收入及时、足额地收上来。同时，各单位应加强收入管理。依法取得的各项收入要及时入账，不得坐支。按规定应当上缴财政预算的收入要及时足额上缴。上缴财政专户的预算外资金，也要及时、足额地上缴到财政专户。主管部门和财政部门对单位应缴未缴财政预算和财政专户的资金要督促催缴。

（三）加强支出管理，控制支出预算

各单位在预算执行过程中，要认真遵循年度支出预算，不得突破。各项支出要严格遵守国家财务制度和财经纪律，不得擅自扩大开支范围和提高开支标

准，也不得随意改变资金用途和支出规模。财政预算拨款和预算外资金收入有指定用途的，应当按照指定用途使用。各单位要正确运用各种财务管理手段，不断强化单位财务收支管理，充分挖掘内部潜力，实现各种资源的优化配置，提高资金使用效益；要积极开展财务分析与监督，严肃财经纪律，避免损失浪费现象。

（四）及时分析收支情况，保证年度预算的顺利完成

在单位预算执行过程中，财政部门应当建立健全定期检查、分析、考核制度。检查、分析、考核的内容主要包括：各项收支预算的执行进度是否与事业计划、行政任务的进度相协调；各项费用支出是否按照预算、制度执行，有无铺张浪费和滥支乱用资金现象出现；各项收入的组织工作是否符合国家政策规定，有无应收不收或多收、乱收、错收的现象出现；应缴财政预算资金和应缴财政专户资金是否及时足额上缴。在检查、分析、考核的基础上，实事求是地总结预算执行过程中的经验，保证年度预算顺利完成。

二、预算执行的组织体系

行政事业单位预算的执行是一个系统工程，涉及各地区、部门和单位，需要它们之间的相互分工、协调与配合，各自承担不同的职责，共同完成预算执行的任务。单位预算执行组织体系由领导机关、管理机关、执行机构、监督机构等组成。根据《预算法》的规定，各级预算由本级单位组织执行，具体工作由本级单位财政部门负责。各部门、各单位是本部门、本单位的预算执行主体，负责本部门、本单位的预算执行，并对执行结果负责。按国家政权级次，行政区划和行政管理体制实行"统一领导，分级管理，分工负责"。

（一）领导机构

负责行政事业单位预算执行的组织领导机构是国务院及地方各级人民政府。它们分别承担不同的职责。

国务院领导全国行政事业单位预算的执行，其职责主要为：一是制定和执

行国家预算法律、法令，制定预算管理方针、政策；二是核定行政事业单位预算、决算草案；三是组织、领导行政事业单位预算的执行；四是颁发全国性的、重要的财政预算规章制度；五是审查、批准总预备费的动用。同时，各级政府应当加强对预算工作的领导，定期听取财政部门有关预算执行情况的汇报，研究解决预算执行中出现的问题。

地方各级人民政府领导地方行政事业单位预算的执行，其职责主要为：一是颁发本级预算执行的规定、法令；二是批准本级预备费、机动财力的动用；三是按规定执行预算调剂权和按规定安排使用本级预算结余；四是审查本级预算的执行和决算。

（二）管理机构

各级政府财政部门是国家预算执行的具体负责和管理机构，是执行预算收支的主管机构。财政部在国务院的领导下，具体负责组织行政事业单位预算的执行工作，执行中央预算并指导、检查地方预算的执行工作；提出中央预算预备费的动用方案；具体编制中央预算的调整方案；定期向国务院报告中央和地方预算的执行情况；负责制定与预算执行有关的财务会计制度。

各级政府财政部门的主要任务、职责包括：① 研究和落实财政税收政策措施，支持经济社会健康发展。② 制定组织预算收入、管理预算支出以及相关财务、会计、内部控制、监督等制度和办法。③ 督促各预算收入征收部门和单位依法履行职责，征缴预算收入。④ 根据年度支出预算和用款计划，合理调度、拨付预算资金，监督各部门、各单位预算资金使用管理情况。⑤ 规范库款和国库单一账户体系管理，监督检查各部门、各单位预算资金使用管理情况，建立覆盖预算执行全过程的动态监控机制，厉行节约，提高效率。⑤ 统一管理政府债务的举借、支出、偿还，监督债务资金使用情况。⑥ 指导和监督各部门、各单位建立健全财务制度和会计核算体系，规范账户管理，健全内部控制机制，按照规定使用预算资金。⑦ 汇总、编报分期的预算执行数据，分析预算执行情况，按照本级人民代表大会常务委员会、本级政府和上一级政府财政部门的要求定期报告预算执行情况，并提出相关政策建议。⑧ 指导和监督各部门、各单位建立健全资产管理制度，监督检查各部门、各单位资产使用情况。⑨ 组织和指导预算资金绩效监控、绩效评价，充分应用绩效评价结果。⑩ 协调预算收入征收部门和单位、国库和其他有关部门的业务工作。

（三）执行机构

1. 收入的征收机构

行政事业单位预算收入的执行工作，由财政部门统一负责组织，并按各项预算收入的性质和征收方法，分别由财政部门、税务机关、海关及其他收入征收机构征收。

税务机关主要负责征收和管理各项税收，同时负责国家交办的其他有关预算收入的征收管理工作。我国从 1994 年起实行分税制，分设国家税务总局和地方税务局，二者的职能范围有所不同。国家税务总局主要负责征收中央税、中央与地方共享税，地方税务局主要负责征收地方税。税务机关除按规定范围组织征收外，还研究和制定税收政策、法令、规章制度；检查税收计划执行情况；依法审批税收减免等。

海关主要负责关税的征收管理，另外还对进口货物代征增值税、消费税等有关税收以及海关罚没收入等进行征收管理。

各项纳入预算管理的政府性基金主要由税务或财政部门负责征收管理，其余各项基金由财政部驻各地专员办事机构与同级财政部门或经同级财政部门委托的部门负责征收管理。各级财政、税务、海关等预算收入征收部门和单位，必须依法组织预算收入，按照财政管理体制、征收管理制度和国库集中收缴制度的规定，及时将预算收入缴入国库，按照《中华人民共和国社会保险法》规定将社会保险基金收入存入依法设立的财政专户。

2. 行政事业单位预算支出的执行机构

财政部门是行政事业单位预算支出的管理机构。此外，还有其他各职能机构配合。

一是银行等金融机构，主要包括中央银行、商业银行、政策性银行。银行是资金结算中心，也是政府资金的清算系统，以银行存款为切入点联动绝大部分社会资金的结算业务，关系到政府资金的安全和使用效率。

二是各部门、各单位。各部门、各单位在预算执行中的主要任务和职责包括：① 制定本部门、本单位预算执行制度，建立健全内部控制机制。② 依法组织收入，严格支出管理，实施绩效监控，开展绩效评价，充分应用绩效评价结果，提高资金使用效益。③ 对单位的各项经济业务进行会计核算。④ 编制财务报告，汇总本部门、本单位的预算执行情况，定期向本级政府财政部门报送预算执行情况报告和绩效评价报告。

3. 国库

国库是办理预算收入的收纳、划分、留解和库款支拨的专门机构，分为中央国库和地方国库。中央国库业务由中国人民银行经理，地方国库业务由中国人民银行分支机构经理。未设中国人民银行分支机构的地区，由上级中国人民银行分支机构商有关地方政府财政部门后，委托有关银行办理。我国的国库体系由五级国库组成：总库、分库、中心支库、支库和乡镇国库。中央国库与地方国库应当按照有关规定向财政部门编报预算收入入库、解库及库款拨付情况的日报、旬报、月报和年报。各级国库和有关银行必须遵守国家有关预算收入缴库的规定，不得延解、占压应当缴入国库的预算收入和国库库款。各级国库必须凭本级政府财政部门签发的拨款凭证于当日办理库款拨付，并将款项及时转入用款单位的存款账户。中央国库业务应当接受财政部的指导和监督，对中央财政负责。地方国库业务应当接受本级政府财政部门的指导和监督，对地方财政负责。

中央国库业务经理机构和地方国库业务办理机构要履行下列国库管理职责：① 按照财政部规定，及时、准确地办理预算收入的收纳、划分、留解、退付、更正和预算支出的拨付。② 按照财政部门的指令及规定的时间，办理国库单一账户与零余额账户资金清算业务。③ 按规定监督代理国库集中收付业务的银行业金融机构的资金清算业务。④ 对国库库款收支有关凭证要素的合规性进行审核。⑤ 按照财政部规定，向财政部门编报预算收入入库、解库及库款拨付情况的日报、旬报、月报和年报及明细情况。⑥ 建立健全预算收入对账制度。

（四）监督机构

强有力的监督管理是预算执行的重要保证。监督机构主要涉及各级人民代表大会及其常务委员会、各级政府、各部门单位、各级审计机关等。按照《预算法》及其实施条例的规定，各机构的监督职责主要包括如下几点：

全国人民代表大会及其常务委员会对中央和地方预算、决算进行监督。县级以上地方各级人民代表大会及其常务委员会对本级和下级行政事业单位预算、决算进行监督。乡、民族乡、镇人民代表大会对本级预算、决算进行监督。各级人民代表大会和县级以上各级人民代表大会常务委员会有权就预算执行、决算中的重大事项或者特定问题组织调查，有关的政府、部门、单位和个人应当如实反映情况和提供必要的材料。

各级财政部门应当加强对本级各部门、各单位的预算编制和执行情况的监督检查。

各部门及其所属各单位应当接受本级财政部门有关预算的监督检查，按照本级财政部门的要求，如实提供有关预算资料，执行本级财政部门提出的检查意见。

各级审计机关应当依照《中华人民共和国审计法》和有关法律、行政法规的规定，对本级预算执行情况、对本级各单位与下级单位的预算执行情况和决算进行审计监督。

另外，在预算执行中还应充分发挥新闻媒体和社会公众的监督力量，不断推进我国预算工作的民主化进程。

三、预算收入执行

行政事业单位预算收入执行是指按照年度预算确定的收入任务，在预算执行中去组织实现，这是预算执行的首要任务，包括预算收入的组织征收和管理、收纳入库、划分和报解、退库等各项业务工作。只有及时完成收入任务，才能保证资金供应，从而顺利完成整个预算执行的任务。

行政事业单位预算收入执行的基本任务，就是要通过各收入征收机关的分工合作，处理好税收与经济的关系，按照政策把应收的各项预算收入及时、准确、足额征收入库，并不断加强对预算收入的征收管理。

《预算法》规定，各级政府财政部门和税务、海关等预算收入征收部门和单位必须依法组织预算收入，按照财政管理体制、征收管理制度和国库集中收缴制度的规定征收预算收入，除依法缴入财政专户的社会保险基金等预算收入外，应当及时将预算收入缴入国库。除依法缴入财政专户的社会保险基金等预算收入外，一切有预算收入上缴义务的部门和单位，必须将应当上缴的预算收入，按照规定的预算级次、政府收支分类科目、缴库方式和期限缴入国库，任何部门、单位和个人不得截留、占用、挪用或者拖欠。各级国库应当依照有关法律、行政法规、国务院以及财政部、中国人民银行的有关规定，加强对国库业务的管理，及时准确地办理预算收入的收纳、划分、留解、退付和预算支出的拨付。各级政府财政部门有权对与本级各预算收入相关的征收部门和单位征收本级预算收入的情况进行监督，对违反法律、行政法规规定多征、提前征收、减征、免征、缓征或者退还预算收入的，责令改正。

（一）行政事业单位预算收入的缴库

国家实行预算收入"国库集中收缴制度"，是指预算收入按照规定的程序，通过国库单一账户体系缴入国库的办法。

1. 行政事业单位预算收入缴库的依据

行政事业单位预算收入执行基本要求：一是组织预算收入与坚持政策法规相结合。征收机构必须应收尽收，不收过头税费；缴款单位应缴尽缴，及时、足额上缴入库，不能直接作为单位收入；取得的各项收入要及时入账，不得坐支；主管部门和财政部门对单位应缴未缴资金要督促催缴。二是组织预算收入与促进生产发展相结合，充分调动各方面的积极性，为更多地组织预算收入创造条件。三是加强预算收入执行的日常管理，提高预算收入执行的质量。

按照行政事业单位预算收入执行的基本要求，无论是收入征收机关征收的收入，还是缴款单位上缴的各项预算收入，都要有一定的依据，即主要按照各种缴款计划进行。

（1）税收收入计划

目前，我国税收收入计划涉及增值税、消费税、企业所得税、个人所得税等款级科目。各级税务机关根据行政事业单位预算确定的工商等税收任务按季编制分月的税收执行计划，将其作为税务机关组织工商税收入库的依据，以及考核税收工作的基本指标。按旬掌握收入进度，按月进行分析，并发出收入计划执行情况的通报，按季编制收入计划执行情况的分析检查报告，层层分析，逐级汇总上报，保证各项税收及时、有序地入库。

（2）非税收入计划

非税收入是指除税收以外，由行政单位、事业单位、代行政府职能的社会团体及其他组织依法利用政府权力、政府信誉、国家资源、国有资产或提供特定公共服务、准公共服务取得，并用于满足社会公共需要或准公共需要的财政资金。我国非税收入实行计划管理，每年各执收部门和单位都要根据财政部门关于编制政府非税收入计划的要求，编制执收范围的政府非税收入计划。该计划经财政部门审核汇总后上报同级人民政府批准，作为财政预算的一部分提请同级人民代表大会审查，人民代表大会批准后，由财政部门下达各单位执行。非税收入计划是非税收入征缴的依据。

（3）企业财务收支计划

企业财务收支计划由企业根据财务会计制度和有关法律、法规及企业生产经营状况编制，企业年度收支计划中向国家缴款的部分构成了行政事业单位预算收入的内容。

2. 行政事业单位预算收入缴库方式

预算收入缴库方式是指行政事业单位将部分国民收入转化为预算资金的形式、程序、手续和过程。在确定预算收入缴库方式时，应遵循以下原则：便利——方便缴款单位或纳税人向国库缴款；合理——符合财政、财务管理的体制；及时——有利于行政事业单位预算收入及时入库。

为适应财政国库管理制度的改革要求，我国将过去预算收入缴款的就地缴库、集中缴库和自行缴库三种方式，调整为直接缴库和集中汇缴两种方式。

（1）直接缴库

直接缴库是由缴款单位或缴款人按有关法律、法规，直接将应缴收入缴入国库单一账户或预算外资金财政专户。这是我国预算收入缴库的主要方式，它既方便了缴款者，又可以保证行政事业单位预算收入及时入库，简化了层层汇总缴款的烦琐手续，提高了收入入库的效率。

直接缴库的程序：直接缴库的税收收入，由纳税人或税务代理人提出纳税申请，经征收机关审核无误后，由纳税人通过开户银行将税款缴入国库存款账户。对非税收入，除批准实行集中汇缴的项目外，其余比照税收入库程序，由缴款人直接缴入国库存款账户或预算外资金财政专户。

（2）集中汇缴

集中汇缴是由征收机关按有关法律、法规规定，将所收的应税收入汇总缴入国库单一账户或财政专户。实行这种缴库方式的收入，包括小额零散税收和非税收入中的现金缴款，即小额零星税收和经批准必须实行现场执收、执罚的非税收入和预算外收入，由征收机关在收入的当日汇总缴入国库存款账户或预算外资金财政专户。这种缴款方式既体现了预算收入缴库的灵活性，又方便了相关缴款人缴款，可以减少收入流失。

非税收入集中汇缴的程序：执收单位向缴款人开具财政部门统一监（印）制的收款收据，直接向缴款人收取款项后，由执收单位按日汇总填制《非税收入一般缴款书》，每日到代理银行将所收应缴款项及时缴入国库单一账户或财政专户。

（二）行政事业单位预算收入库款的划分和报解

1. 预算收入划分和报解的含义

预算收入划分是指，根据国家预算管理体制规定的各级预算固定收入的划分范围和中央与地方、地方上下级之间共享收入的分成比例，国库将收纳入库的预算收入计算划分为中央预算收入和地方预算收入。

预算收入报解是指在收入划分的基础上，按照规定的程序和手续将各级预算收入的库款分别报解各级国库，相应增加各级财政金库存款，以保证各级财政及时取得预算收入。其中，"报"是指国库通过编报预算收入统计表，向各级财政机关报告预算收入的情况，使各级财政机关及时掌握预算收入的进度和情况；"解"是指各级国库在对各级预算收入进行划分后，将库款按其所属关系逐级上解到所属财政机关在银行的存款账户。

2. 预算收入划分和报解的要求

及时、准确地办理预算收入的划分和报解关系到政府各级财政预算资金的灵活调度和对经济社会事业发展所需资金的及时供应，也关系到预算资金信息的及时传递和反馈。预算收入划分和报解的基本要求：① 及时、准确。为了保证各级预算及时取得收入，各级国库在办理库款的划分和报解时，原则上应当于收到预算收入的当日办理，最迟不得超过次日上午办理完毕，不得积压、拖延库款。个别边远的收入很少的基层金库，可适当延长办理期限，但报解期限最迟不得超过五天。月终日收纳的预算收入，则必须当日结清报解，不能延至下月。② 库解报表按规定的方式报解。③ 严格对账。每当月终和年度决算时，各级国库要按照规定要求编制预算收入对账单，同财政部门、征收机关互相核对，上级国库和同级主管收入机关进行汇总对账，以确保预算收入及其划分、报解的完整与准确。

3. 预算收入划分和报解的程序

预算收入划分和报解是由基层国库（支库）自上而下逐级分别进行的，其程序如下：

（1）分清级次

国库对每天收纳入库的预算收入，首先要分清预算级次，按照中央、省、地区、县四个级次，及时办理预算收入和库款的划分、报解。

（2）编制收入日报表

国库对预算收入缴款书审核无误后，按照预算收入科目分"款"进行统计，编制预算收入日报表，同时根据预算收入日报表中属于分成收入项目的会计数，按确定的分成比例编制分成收入日报表，将其作为分成收入报解的依据。

（3）办理各级预算收入的划分

按照《预算法》的规定，中央和地方实行分税制，预算收入划分为中央预算收入、地方预算收入、中央和地方预算共享收入。中央预算收入部分按统计报表的数额逐级报解中央总金库；地方预算收入部分按统计报表的数额逐级报解同级地方金库；中央和地方预算共享收入按照财政部规定的收入留成比例，分别报解中央总金库和地方各级金库，并相应增加中央财政国库存款和地方各级财政国库存款。

（三）行政事业单位预算收入的退库管理

预算收入退库是指财政及征收机关根据财税体制的有关规定，在政策允许的范围内，将已经入库的预算收入退还给原缴款单位或缴款人。入库的预算收入即构成国家财政收入，一般情况下是不能退还的，如果由于特殊原因需要退库，要根据预算收入退库的权限、手续、规定的退库范围，按照规定的程序，认真审核，严肃对待。

1. 预算收入退库的审批权限

各级预算收入退库的审批权属于本级单位财政部门。中央预算收入、中央和地方预算共享收入的退库，由财政部或者财政部授权的机构批准。地方预算收入的退库，由地方政府财政部门或者其授权的机构批准。涉及中央预算收入退库的办法，由财政部制定；地方预算收入退库的办法，由省、自治区、直辖市财政部门制定。

退库的审批管理由财政部门或财政部门委托的征收机关（税务机关或海关）和国库密切配合，共同负责。各级财政、征收部门和国库在退库工作中应当紧密配合，严格按国家有关文件规定办理，防止收入流失。

2. 预算收入退库的范围

属于下列情况的，可以办理预算收入退库：① 按照现行政策规定，应在一定期限内对某些企业实行先征收后退付的税款。② 企业按规定预缴税收收入，经年终汇算清缴或结算对超缴部分需要办理的退库。③ 由于调整税率，需要退还多缴预算收入而办理的退库。④ 改变企业隶属关系，办理财务结算需要退库的。⑤ 由于技术性差错，错缴、多缴的预算收入。⑥ 各种税款的代扣代征手续费、征管费、业务费的退库。⑦ 其他按规定应予退库的项目。

凡不符合规定范围的预算收入退库，任何部门、单位和个人不得办理退库审批手续，各级国库不得办理退库。

四、预算支出执行

行政事业单位预算支出执行就是按照支出预算分配和使用财政资金的过程，也是提供财政资金、满足社会公共需要的过程。

预算支出是实现行政事业单位的各项职能的财力保证，要求统筹兼顾，保证重点，照顾一般。行政事业单位预算支出的执行情况，直接关系到单位的各项职能和社会公共需要的满足程度，也是行政事业单位预算管理中非常重要的环节。行政事业单位预算支出执行涉及财政部门、国库部门、主管部门、预算单位、金融机构等。因此客观上，在行政事业单位预算支出执行过程中，各个相关部门、单位需要通力合作、共同努力，这样才能很好地完成预算支出的任务。

（一）行政事业单位预算支出执行的基本要求和任务

1. 预算支出执行的基本要求

为了保证预算支出的正确执行，及时、合理地供应和使用财政资金，保证经济社会各项事业的发展，预算支出执行应坚持如下基本要求：

（1）坚持按支出预算执行

各级预算是经过各级人民代表大会审查批准的，具有法律效力，是预算执行的依据。各项支出必须严格控制，不得突破支出预算额度，如因特殊原因确需调整的，应当按照法定程序进行支出预算调整。

（2）严格预算支出管理

预算支出管理是行政事业单位预算管理的重要内容。首先，行政事业单位要完善预算支出管理的制度并严格执行；其次，行政事业单位要根据不同性质的支出采用不同的管理方式，划清各类资金的界限，不得相互挤占和挪用。

（3）推进预算绩效管理，提高资金使用效益

预算绩效是指预算资金所达到的产出和结果，预算绩效管理是一个由绩效目标管理、绩效运行跟踪监控管理、绩效评价实施管理、绩效评价结果反馈和应用管理共同组成的综合系统。预算绩效管理的推行，有利于完善公共财政体系，推进财政科学化、精细化管理，强化预算支出的责任和效率，提高财政资金使用效益。

为此，《中华人民共和国预算法实施条例》明确要求，各级政府、各部门、各单位应当加强对预算支出的管理，严格执行预算，遵守财政制度，强化预算约束，不得擅自扩大支出范围、提高开支标准；严格按照预算规定的支出用途使用资金，合理安排支出进度。预算执行中，各部门、各单位应履行以下主要职责：制定本部门、本单位预算执行制度，建立健全内部控制机制；依法组织收入，严格支出管理，实施绩效监控，开展绩效评价，提高资金使用效益；对单位的各项经济业务进行会计核算；汇总本部门、本单位的预算执行情况，定期向本级政府财政部门报送预算执行情况报告和绩效评价报告。各级国库必须凭本级政府财政部门签发的拨款凭证或者支付清算指令于当日办理资金拨付，并及时将款项转入收款单位的账户或者清算资金。各级国库和有关银行金融机构不得占压财政部门拨付的预算资金。

2. 预算支出执行的基本任务

行政事业单位预算支出执行由预算执行的领导机关、管理机关、执行机关及相关部门单位共同完成，由各个支出预算机关具体负责实行，它们的共同任务就是遵照预算支出计划；采取各种有效措施，按照预算支出的原则，及时、

合理地供应经济社会事业发展需要的资金，最大限度地提高资金的使用效益，保证高质量完成支出预算。其中，财政部门的基本任务是：制定管理预算支出的制度和办法；根据年度支出预算和季度用款计划，合理调度、拨付预算资金；监督检查各部门、各单位管好用好预算资金，节减开支，提高效率；编报、汇总分期的预算支出执行数字，分析预算支出执行中出现的新情况、新问题。

（二）行政事业单位预算拨款的原则

行政事业单位预算拨款即财政部门根据核定的预算办理预算支出的拨付，拨款给用款单位。行政事业单位预算拨款应坚持如下原则：

1. 按预算拨款

办理预算拨款要按核定的年度支出预算和季度分月用款计划拨款，不能办理无预算、无计划拨款，也不能办理超预算、超计划拨款。

2. 按进度拨款

根据事业进度和上期用款单位的资金结存情况合理拨付资金，既要保证资金需要，又要防止资金分散积压；既要考虑本期资金需要，又要考虑上期资金的使用和结余情况，以保证国家预算资金的统一安排、灵活调度和有效使用，还要考虑国库库款情况。

3. 按核定用途拨款

按照一般公共服务、外交、国防、社会保障、农林水事务等支出拨款的不同用途，分别拨付资金。各级财政部门办理预算拨款时，应根据预算规定的用途拨付，不得随意改变支出用途，以保证国民经济和社会事业发展计划正确执行。

4. 按预算级次和程序拨款

根据用款单位的申请，按照用款单位的预算级次和审定的用款计划，按期核拨，不得越级办理预算拨款。各级主管部门一般不能向没有支出预算关系的单位垂直拨款，同级主管部门之间也不能发生支出预算的横向拨款关系。

（三）行政事业单位预算支出的支付方式

预算单位收到财政或上级部门批复的用款计划后，即可进行资金支付。随着以国库单一账户体系为基础、以国库集中收付为资金缴拨主要形式的现代财政国库制度改革的深入，我国对预算支出的支付方式和支付程序进行了调整。国家对预算支出实行"国库集中支付制度"，即指预算支出通过国库单一账户体系，采取财政直接支付或者财政授权支付方式，将资金支付到收款人的办法。县级以上各级政府财政部门应当设立专门的财政国库支付执行机构承担国库集中支付有关具体工作。国库集中收缴制度和集中支付制度统称为国库集中收付制度。

1. 支出类型

财政支出总体上分为购买性支出和转移性支出。根据支付管理需要，具体分为：① 工资支出，即预算单位的工资性支出。② 购买支出，即预算单位除工资支出、零星支出之外的购买服务、货物、工程项目等支出。③ 零星支出，即预算单位购买支出中的日常小额部分，除《政府采购品目分类表》所列品目之外的支出，或列入《政府采购品目分类表》所列品目，但未达到规定数额的支出。④ 转移支出，即拨付给预算单位或下级财政部门，未指明具体用途的支出，包括拨付企业补贴和未指明具体用途的资金、中央对地方的一般性转移支付等。

2. 支付方式

按照不同的支付主体，对不同类型的支出，分别实行财政直接支付和财政授权支付。

（1）财政直接支付

财政直接支付是指由财政部门开具支付令，通过财政零余额账户支付到收款人账户，财政零余额账户再与国库进行资金清算的支付方式。实行财政直接支付的支出包括：① 工资支出，购买支出和中央对地方的专项转移支付，支付企业建设大型工程项目或采购大型设备的资金等，直接支付到收款人。② 转移支出（中央对地方专项转移支出除外），包括中央对地方的一般性转移支付中的税收返还，原体制补助、过渡期转移支付、结算补助等支出，对企业的补贴和未指明购买内容的某些专项支出等，支付到用款单位（包括下级财政部门和预算单位，下同）。

（2）财政授权支付

财政授权支付是指预算单位根据本级财政部门授权，自行开具支付令，通过预算单位零余额账户支付到收款人账户，预算单位零余额账户再与国库进行资金清算的支付方式。实行财政授权支付的支出包括未实行财政直接支付的购买支出和零星支出。

3. 支付程序

（1）财政直接支付程序

预算单位按照批复的部门预算和资金使用计划，向财政国库支付执行机构提出支付申请，财政国库支付执行机构根据批复的部门预算和资金使用计划及相关要求对支付申请进行审核，审核无误后，向代理银行发出支付令，并通知中国人民银行国库部门通过代理银行进入全国银行清算系统进行实时清算，财政资金从国库单一账户划拨到收款人的银行账户。

财政直接支付主要通过转账方式进行，也可以采取"国库支票"支付。财政国库支付执行机构根据预算单位的要求签发支票，并将签发给收款人的支票交给预算单位，由预算单位转给收款人。收款人持支票到其开户银行入账，收款人开户银行再与代理银行进行清算。每日营业终了前由国库单一账户与代理银行进行清算。工资性支付涉及的各预算单位人员编制、工资标准、开支数额等，分别由编制部门、人事部门和财政部门核定，支付对象为预算单位和下级财政部门的支出，由财政部门按照预算执行进度将资金从国库单一账户直接拨付到预算单位或下级财政部门账户。

（2）财政授权支付程序

预算单位按照批复的部门预算和资金使用计划，向财政国库支付执行机构申请授权支付的月度用款限额，财政国库支付执行机构将批准后的限额通知代理银行和预算单位，并通知中国人民银行国库部门。预算单位在月度用款限额内，自行开具支付令，通过财政国库支付执行机构转由代理银行向收款人付款，并与国库单一账户清算。

上述财政直接支付和财政授权支付流程，以现代化银行支付系统和财政信息管理系统的国库管理操作系统为基础。

第四章　行政事业单位收入管理

第一节　事业单位收入管理

一、事业单位收入的含义和特点

事业单位收入是指事业单位为开展业务活动，依法取得的非偿还性资金，按来源分为财政补助收入、上级补助收入、事业收入、经营收入、附属单位上缴收入、其他收入等。事业单位收入具有以下特点：

第一，事业单位收入是通过开展业务活动和其他活动而取得的。事业单位属于非物质生产部门，一般不直接从事物质资料的生产、交通运输和商品流通活动，不直接创造物质财富。这些单位的主要任务是按照国家确定的事业发展方针政策开展业务活动。由于事业单位从事的业务活动属于满足社会公共需要的范畴，具有公益性和非营利性的特征，因此事业单位开展业务活动所需要的资金，全部或大部分由国家预算进行拨付。

第二，事业单位收入是依法取得的。事业单位从事业务活动获得的收入，必须符合国家有关法律、法规和规章制度的规定。事业单位从财政部门获得的预算资金，必须按照财政预算规定的科目、内容和程序进行申报、审批和领拨。

第三，事业单位收入是通过多种渠道、多种方式取得的。事业单位的收入来源形式和渠道呈多元化趋势，既有财政预算拨款收入（财政补助收入），也有上级补助收入、事业收入、投资收益、利息收入、捐赠收入等。

第四，事业单位收入是非偿还性资金。事业单位取得的各项收入是不需要偿还的，可以按照规定用于开展业务活动。事业单位取得的需要偿还的资金，包括各种借入款、应付款项和应缴预算资金、应缴财政专户资金等应缴款项，属于负债的范畴，需要偿还给债权人和上缴财政，不能作为本单位的收入。

第五，事业单位收入具有支配的自主性。在执行国家相关规定的前提下，事业单位可以自主决定收入的使用（专项款项除外），可以按照规定将收入用于开展业务活动及其他活动。

二、事业单位收入来源

事业单位的收入来源主要有如下几个部分：

（一）财政或上级单位拨入资金

财政或上级单位拨入资金按所拨入款项的性质和管理要求不同，可分为财政补助收入和上级补助收入。财政补助收入是指事业单位从本级财政部门取得的各类财政拨款，上级补助收入是指事业单位从主管部门和上级单位取得的非财政补助收入。

拨入资金的依据是经过财政部门或主管单位审核批准后的单位预算。事业单位的季度用款计划是各单位拨入资金的具体执行计划，它是单位在核定的年度预算内，按季根据各月实际需要编制的。

拨入资金的管理，应当坚持按计划、按进度、按支出用途和按预算级次拨款的原则。

拨入专款是事业单位收到的由财政部门、上级单位或其他单位拨入的有指定用途，并需要单独报账的专项资金。

从专款资金的来源看，有财政机关拨入的预算安排的专款资金，有上级主管部门拨入的专款资金，也有由业务协作往来单位拨来的专款资金。从专款资金的内容看，一般有科技三项费用专款、大型设备仪器购置费专款、救灾抢险专款、抗震加固专款、专项补助款及其他专款。

专款资金的管理应坚持专款专用、按实列报、单独核算、专项结报的原则。

（二）单位自行组织的收入款项

单位自行组织的收入款项是事业单位重要的资金来源，是事业单位办理各项业务开支的主要财力保证，按单位所组织取得款项的来源和性质的不同，可分为事业收入、经营收入和其他收入。

1. 事业收入

事业收入是指事业单位开展专业业务活动及其辅助活动取得的收入。其中，按照国家有关规定应当上缴国库或者财政专户的资金，不计入事业收入；从财政专户核拨给事业单位的资金和经核准不上缴国库或者财政专户的资金，计入事业收入。

2. 经营收入

经营收入是指事业单位在专业业务活动及辅助活动之外，开展非独立核算经营活动取得的收入。

3. 其他收入

事业单位取得的投资收益、利息收入、捐赠收入等应当作为其他收入处理。

（三）附属单位上缴收入

附属单位上缴收入是指事业单位附属独立核算单位按照有关规定上缴的收入，如分成收入、利润和管理费等。这是非财政预算资金在上下级单位进行调剂的事项，可以解决各种类型事业单位的收支平衡问题，保证各单位各项业务活动正常开展。

三、事业单位收入管理的要求

事业单位收入管理的要求主要有以下几个方面：① 事业单位应当在国家政策允许的范围内依法组织事业收入。② 事业单位应当建立健全各种发票、专用收款收据的管理制度。③ 事业单位应当按照国家规定的收费项目和收费标准进行收费。④ 事业单位应当按照规定加强对事业收入账户的统一管理。⑤ 事业单位的各项事业收入应当全部纳入单位预算，实行统一核算、统一管理。

四、各项事业单位收入管理

（一）财政补助收入管理

事业单位财政补助收入是指事业单位按照核定的部门预算经费申报关系从本级财政部门取得的各类事业经费，它们都属于财政资金（财政预算拨款）。预算拨款是公共部门十分重要的资金来源，加强预算拨款资金管理，提高财政资金使用效率，在公共部门收入管理中具有十分重要的意义。

1. 财政补助收入的内容

事业单位的财政补助收入包括一般预算拨款、基金预算拨款、财政专户管理的非税收入拨款等。

财政预算安排用于事业单位的财政补助如表 4 所示。

表 4　财政预算安排用于事业单位的财政补助

财政预算用于财政补助项目	包括一般预算拨款、基金预算拨款、财政专户管理的非税收入拨款
教育事业费	高等学校经费、留学生经费、中等专业学校经费、技工学校经费、职业教育经费、中学经费、小学经费、幼儿教育经费、成人高等教育经费、普通业余教育经费、教师进修及干部培训经费、特殊教育经费、广播电视教育经费、其他教育事业费
文体广播事业费	文化事业费、出版事业费、文物事业费、体育事业费、档案事业费、地震事业费、海洋事业费、通信事业费、广播电影电视事业费、计划生育事业费、党政群干部训练事业费、其他文体广播事业费
科学事业费	自然科学事业费、科协事业费、社会科学事业费、高技术研究专项经费
农林水利气象等部门的事业费	农垦事业经费、农场事业费、农业事业费、畜牧事业费、农机事业费、林业事业费、水利事业费、水产事业费、气象事业费、乡镇企业事业费、农业资源调查和区划费、土地管理事业费、森林工业事业费、森林警察部队经费、其他事业费

卫生事业费	卫生单位事业费、中医事业费、公费医疗经费、工业交通等部门的事业费
工业交通等部门的事业费	冶金、有色金属、煤炭、石油、石化、电力、化学、机械、汽车、核工业、航空、航天、电子、兵器、船舶、建材、轻工业、烟草、纺织、医药、地质、建设、环保、铁道、交通、邮电、民航、测绘、技术监督、专利等部门的事业费
流通部门事业费	商业事业费、物资管理事业费、粮食事业费、外贸事业费、供销社事业费
抚恤和社会福利救济费	抚恤事业费、军队移交地方安置的离退休人员经费、社会救济福利事业费、救灾支出、其他民政事业费、残疾人事业费

2. 财政性资金银行账户的开立、使用和管理

事业单位财政性资金银行账户是指，事业单位用于接受、使用、核算由财政部门拨给的财政预算资金、预算外资金和经财政部门同意委托部门或单位代收的罚没收入，行政事业性收费预算外资金收入的银行账户，包括事业单位基本存款账户和收入汇缴专用存款账户，不包括事业单位经营收入等资金的银行账户。

事业单位在申请开立银行账户时，必须在开户申请书上说明资金性质（即是否为财政性资金），以备银行审查，准确开立账户。

基本存款账户是指办理和核算财政部门核拨的预算经费、预算外拨款、本单位的经费支出，以及经财政部门核准的往来款项等有关业务的账户。收入汇缴专用存款账户是指办理和核算经财政部门同意委托部门或单位代收的罚没收入、行政事业性收费（含政府性基金，下同）和预算外资金收入的账户。

各级事业单位应按国家有关规定，经同级财政部门批准，凭人民银行颁发的开户许可证，在银行开设一个基本存款账户。

各级事业单位收取或取得的罚没收入、行政事业性收费收入和预算外资金收入，应由征收机构全部直接上缴同级国库或财政部门设立的预算外资金财政专户。

罚没收入和行政事业性收费收入实行收缴分离的事业单位，收取或取得的收入，由代收银行缴入同级国库或财政部门设立的预算外资金财政专户。

事业单位经财政部门批准，可在银行开设一个收入汇缴专用存款账户，供

事业单位核算本单位罚没收入、事业性收费收入，单位不得直接支用，而应按财政部门规定时间足额上缴同级国库或财政专户。

事业单位开设、变更或撤销基本存款账户和收入汇缴专用存款账户，应向同级财政部门提出申请，并经财政部门审核同意后，持财政部门批准文件和人民银行颁发的开户许可证，到开户银行办理相关手续。

事业单位下属独立核算单位开设、变更或撤销基本存款账户和收入汇缴专用存款账户，应向其上级主管部门提出申请，经审核同意后，报同级财政部门批准，并持财政部门批准文件和人民银行颁发的开户许可证，到开户银行办理相关手续。事业单位下属非独立核算部门一律不得开设基本存款账户和收入汇缴专用存款账户。

各级财政部门和各事业单位开设的银行账户，包括经批准开设的基本存款账户和收入汇缴专用存款账户，均应在国有或国有控股银行开设。

事业单位按规定开设的基本存款账户和收入汇缴专用存款账户，必须由本单位财务部门统一开设和管理。

开户银行要依据财政部门批准文件和人民银行颁发的开户许可证以及有关规定，对开户单位进行认真审核，符合条件的应按规定程序给予办理开户、变更或撤销。未经财政部门审核同意或未取得开户许可证的，银行不得为其开设基本存款账户和收入汇缴专用存款账户。

各级财政部门负责对本级事业单位财政性资金银行账户的开设和使用情况进行监督和检查，被查单位必须如实提供有关情况。需要开户银行协助检查时，在符合法律法规规定的条件下，开户银行应如实提供有关情况，不得隐瞒。

事业单位违反规定开设和使用财政性资金银行账户的，应进行以下处理：①由财政部门责令有关单位纠正错误，并可暂时停止对相关单位拨款，直至错误被纠正。②由金融机构按有关规定撤销有关单位多开的违规账户。③由人民银行对单位及金融机构进行处罚。④由财政部门、监察部门对有关单位给予通报批评，并对违纪单位进行经济处罚。⑤追究直接责任人和单位负责人的党纪、政纪责任，构成犯罪的，依法追究其刑事责任。

3. 财政资金支付程序

（1）财政直接支付程序

第一，一级预算单位汇总、填制财政直接支付申请书，上报财政部门国库支付中心。

第二，财政部门国库支付中心审核确认后，开具财政直接支付汇总清算额度通知单和财政直接支付凭证，分别送人民银行、预算外专户的开户行和代理银行。

第三，代理银行根据财政直接支付凭证，及时将资金直接支付到收款人或用款单位账户，然后开具《财政直接支付入账通知书》，送一级预算单位和基层预算单位。

第四，一级预算单位及基层预算单位将财政直接支付入账通知书作为收到或付出款项的凭证。

第五，代理银行依据财政部门国库支付中心的支付指令，将当日实际支付的资金，按一级预算单位、预算科目汇总，分资金性质填制划款申请凭证，并附实际支付清单，分别与国库单一账户、预算外专户进行清算。

第六，人民银行和预算外专户开户行在《财政直接支付汇总清算额度通知单》确定的数额内，根据代理银行每日按实际发生的财政性资金支付金额填制的划款申请与代理银行进行资金清算。

（2）财政授权支付程序

第一步，申请和下达用款额度。预算单位按照规定时间和程序编报分月用款计划，申请财政授权支付用款额度。财政部门批准后，分别向中国人民银行和代理银行总行签发《财政授权支付汇总清算额度通知单》和《财政授权支付额度通知书》。前者用以通知中国人民银行据以办理汇总清算业务；后者用以通知代理银行总行逐级下达财政授权支付额度。代理银行总行要在1个工作日内将额度通知有关分支机构，各分支机构在1个工作日内通知预算单位。预算单位收到代理银行分支机构转来的财政授权支付额度到账通知书，即可办理财政授权支付业务。

第二步，预算单位办理支付业务。预算单位凭据《财政授权支付额度到账通知书》确定的额度，自行签发财政授权支付指令，通知代理银行办理资金支付业务。

第三步，代理银行办理支付。代理银行收到预算单位提交的支付指令后，审核支付指令的金额是否在财政部下达的相应预算科目财政授权支付用款额度范围内，以及支付指令信息是否齐全完整。审核无误后，按照有关规定办理现金支付或转账、信汇、电汇等资金支付和汇划业务。

第四步，预算单位账务处理。预算单位账务处理包括两个方面的内容：① 收到代理银行转来的财政授权支付额度到账通知书后，借记"零余额账户用款额度"科目，贷记"财政补助收入（或拨入经费）—财政授权支付"科目；② 通知代理银行付款后，根据代理银行加盖转讫章的进账单第三联及其他凭证，借记相关支出科目，贷记"零余额账户用款额度"科目。

第五步，代理银行清算资金。代理银行根据已办理支付的资金，在营业日终了前的规定时间内，填写财政授权支付申请划款凭证，向中国人民银行提出清算申请。中国人民银行审核无误后，按规定程序，在规定时间将资金划往代理银行在中国人民银行的存款准备金账户。对于预算单位退回的资金，代理银行应及时向中国人民银行提出申请退款凭证，中国人民银行营业管理部按规定办理向国库单一账户的资金清算工作。

第六步，中国人民银行办理清算业务。中国人民银行国库局收到代理银行提交的财政授权支付申请划款凭证后，应审核凭证基本要素是否齐全、准确、规范，以及申请划款金额是否超出财政授权支付汇总清算额度通知单的累计额度和国库单一账户库存余额。审核无误后，通知营业管理部办理资金清算业务。

（二）事业收入管理

1. 事业收入的具体内容

由于事业单位类型较多，专业业务活动又各有特点，因此不同类型的事业单位的事业收入具体内容各不相同。

（1）文化事业单位的事业收入：① 演出收入。② 演出分成收入。③ 技术服务收入。④ 委托代培收入。⑤ 复印复制收入。⑥ 无形资产转让收入。⑦ 外借人员劳务收入。⑧ 合作分成收入。

（2）科学事业单位的事业收入：① 科研收入。② 技术收入。③ 学术活动收入。④ 科普活动收入。⑤ 试制产品收入。

（3）中小学校的事业收入：① 非义务教育阶段学生缴纳的杂费。② 非义务教育阶段学生缴纳的学费。③ 借读学生缴纳的借读费。④ 住宿学生缴纳的住宿费。⑤ 按照有关规定向学生收取的其他费用。

（4）广播电视事业单位的事业收入：① 广告收入。② 节目交换收入。③ 合作合拍收入。④ 节目传输收入。⑤ 门票收入。⑥ 技术服务收入。⑦ 无形资产转让收入。

（5）体育事业单位的事业收入：① 竞技体育比赛收入。② 门票收入。③ 出售广播电视转播权收入。④ 广告赞助收入。⑤ 体育技术服务收入。⑥ 体育相关业务收入。⑦ 无形资产转让收入。

（6）文物事业单位的事业收入：①门票收入。② 展览收入。③ 文物勘探发掘收入。④ 文物维修设计收入。⑤ 文物修复复制收入。⑥ 文物咨询鉴定收入。⑦ 影视拍摄收入。⑧ 文物导游收入。⑨ 无形资产转让收入。

（7）计划生育事业单位的事业收入：① 技术服务收入。② 病残儿鉴定收入。③ 代培进修收入。④ 宣传品制作收入。⑤ 无形资产转让收入。

2. 事业收入管理的基本要求

对事业收入的管理，应从以下几个方面入手：

（1）充分利用现有条件积极组织收入

在社会主义市场经济条件下，各项事业要想获得较快发展，除政府部门给予支持外，有条件的单位要按照市场经济的客观要求，充分利用人才、技术、设备等条件，拓宽服务范围，开展各项组织收入活动，不断扩大财源，提高自我发展能力。

（2）正确处理社会效益和经济效益的关系

事业单位开展业务活动及其他活动的领域是精神生产领域，在这个领域开展组织收入活动，必须将社会效益放在首位，开展的收入活动必须有利于社会的发展，有利于丰富人民群众的物质文化生活，有利于社会主义精神文明建设。同时，事业单位开展组织收入活动要遵循市场经济规律，要讲经济效益。因此，事业单位要将会效益与经济效益统一起来，不能为追求经济效益而忽视社会效益。

（3）保证收入的合法性与合理性

在收入管理中，要特别强调收入的合法性与合理性，将事业单位组织收入活动引入正确轨道。所谓合法性，就是要依法办事。比如对各项事业性收费，国家都有明确的收费政策和管理制度，事业单位必须严格遵守。制定和调整收费项目和收费标准，必须按照规定程序经有关部门批准，非经批准不得自立章程乱收费。所谓合理性，就是要从实际出发，取之得当，用之合理。

3. 收入管理中应注意的几个问题

（1）对财政补助收入要严格按照国家规定的事业经费科目、内容、程序进行管理

对按规定应上缴预算的收入，要及时上缴；对应上缴财政专户的收入，要及时上缴财政专户，不能直接作为事业收入处理。对经营、服务性收入，要依法缴纳各项税费。

（2）注意划清几个界限

根据拨款的用途，划清基建投资与事业经费的界限。根据资金的性质，划清财政补助收入与上级补助收入的界限。财政预算资金的补助属于财政补助收入；非财政资金的补助属于上级补助收入。

根据收入活动的不同，划清事业收入与经营收入的界限。开展专业业务活动及辅助活动所取得的收入属于事业收入；开展非独立核算经营活动取得的收入属于经营收入。

根据附属单位的独立性，划清经营收入与附属单位缴款的界限。如果附属单位属于非独立核算单位，其开展经营活动所取得的所有收入都属于本单位的经营收入；如果附属单位属于独立核算单位，则只将其上缴的收入列入本单位附属单位缴款收入。

（三）经营收入的管理

1. 经营收入的概念和特征

经营收入是指事业单位在专业业务活动及其辅助活动之外，开展非独立核算经营活动取得的收入。其特征如下：

第一，经营收入是开展经营活动所取得的收入，而不是专业业务活动及辅助活动所取得的收入。例如，科研单位对社会开展咨询服务活动取得的收入，属于经营活动所取得的收入；而科研单位为有关单位提供科研服务所取得的收入，只能作为事业收入，不能作为经营收入处理。又如，某社会团体对社会开展服务活动，将闲置的固定资产出租、出借，这种活动不属于单位专业业务活动及其辅助活动的范围，而属于经营活动的范围，其取得的收入，应当界定为经营收入。但诸如学校向学生收取学费和杂费，则属于专业业务活动及其辅助

活动的范围，其取得的收入，应当界定为事业收入。

第二，经营收入是非独立核算单位开展经营活动所取得的收入，而不是独立核算单位开展经营活动所取得的收入。事业单位所属的实行独立核算的单位上缴的纯收入应作为"附属单位上缴收入"处理，不列为经营收入。独立核算单位应对其经营活动的过程及结果，独立、完整地进行会计核算。比如学校的校办企业，要单独设置财会机构或配备财会人员，单独设置账目，单独计算盈亏，其开展的经营活动属于独立核算的经营活动，其属于独立核算单位。校办企业将纯收入的一部分上缴学校，学校收到这部分收入后应当将其作为附属单位上缴收入，而不能作为经营收入处理。事业单位从上级单位领取一定数额的物资、款项从事业务活动，不独立计算盈亏，把日常发生的经济业务资料报由上级进行会计核算，称为非独立核算。学校的食堂、宿舍等后勤单位，不单独设置财会机构，不单独计算盈亏，如果其对社会开展了有关服务活动，则这类活动属于非独立核算的经营活动，其对社会服务取得的收入及支出，报由学校集中进行会计核算，这部分收入和支出应当作为经营收入和经营支出处理。

2. 经营收入的内容

（1）产品（商品）销售收入

产品（商品）销售收入即单位通过销售定型、批量产品（不包括试制产品）和经销商品所取得的收入。该种收入一般存在于科学研究事业单位，医院销售药品所取得的收入应纳入事业收入中的药品收入。

（2）经营服务收入

经营服务收入即单位对外提供餐饮、住宿和交通运输等经营服务所取得的收入。

（3）工程承包收入

工程承包收入即单位承包建筑、安装、维修等工程所取得的收入。

（4）租赁收入

租赁收入即单位出租、出借暂时闲置的仪器设备、房屋、场地等所取得的收入。

（5）其他经营收入

其他经营收入即除上述收入以外的经营收入。

3. 经营收入管理的基本要求

（1）正确处理主营业务与附营业务的关系

事业单位主要是通过开展主营业务，也就是根据本单位专业特点开展专业业务活动来履行职责的，其经营活动属于附营业务，是为主营业务服务的，目的在于为主营业务的健康发展奠定良好的经济基础。因此，事业单位在人力、物力、财力等资源的安排上，首先应当保证开展专业业务活动的需要，不应影响正常事业计划的完成。在这个前提下，可以合理配置和有效利用单位所拥有的各种资源，按照规定开展经营活动，增加单位收入。

（2）按规定的审批程序履行报批手续

在事业单位的经营活动中，将非经营性资产转为经营性资产，要经主管部门审查核实，并由同级国有资产管理部门批准；一次转为经营性资产且价值量数额巨大的，还须报财政部门批准。

（3）经营收入要纳入事业单位预算管理

为全面反映经营收入状况，对经营活动全过程实行有效的财务管理，按有关规定，单位的经营收入要全部纳入单位预算统一核算、统一管理。事业单位要严格遵守国家规定，加强对经营收入的管理，杜绝私分瞒报收入的现象。

（4）要领取营业执照核准经营范围

根据国家有关规定，事业单位从事经营活动，应由该单位申请登记，经登记主管机关核准，领取营业执照，在核准登记的经营范围内依法从事经营活动。

（5）划清经营收入和事业收入的界限

事业收入与经营收入属于两种不同性质的收入，要划清两者的界限。两类活动原则上应分别核算，以正确反映事业单位的业务活动和经营活动的经济成果。

（四）上级补助收入的管理

上级补助收入是指事业单位从主管部门和上级单位取得的非财政补助收入，用于补助正常业务资金的不足。比如，事业单位主管部门或上级单位用自身组织的收入和集中下级单位的收入拨入的非财政补助资金，用于补助事业单位的日常业务，就是上级补助收入。若是指定用于专项用途并须单独报账，则称为拨入的事业经费，即拨入专款，不能作为上级补助收入。在某些行业的会计制度中，上级补助收入与财政补助收入合并称为业务补助。

对上级补助收入，事业单位应当按照主管部门或上级单位的要求进行管理。有些上级补助资金是有专门用途的资金，应按规定方向和用途安排使用，不能挪作他用。同时，要划清上级补助收入和财政补助收入的界限，上级主管部门应加强对事业单位补助收入的监督，促使事业单位严格收入管理，统筹安排各项资金，使财政补助收入和上级补助收入的安排使用符合财政政策的要求以及事业发展的需要。

（五）附属单位上缴收入的管理

附属单位上缴收入是指事业单位附属独立核算单位按有关规定上缴的收入，包括附属的事业单位上缴的收入和附属的企业上缴的利润等。该项收入可用于弥补事业单位自身的开支，还可采用对附属单位补助支出的形式，用于弥补收入状况不佳的附属事业单位或附属企业的开支。附属单位是指与该事业单位（或称主体单位）之间除资金联系之外还存在其他联系的事业单位或企业。

一般而言，附属事业单位与主体事业单位之间存在预算上的拨付关系及行政上的隶属关系。附属企业由于种种原因，从原事业单位中独立出来，成为管理上和财务上独立核算的法人实体，但仍在许多方面与原事业单位存在联系。这些联系一般包括主体事业单位有权任免其管理人员的职务；修改或通过其预算；支持、否决或修改其决策等。

随着从事社会服务性业务的附属单位市场化程度的加深，事业单位与这些附属单位的联系也越来越市场化。在这种情况下，有时很难区分一个被投资单位是否为附属单位，因此也很难区分一笔收入属于附属单位缴款还是投资收益。在这种情况下，事业单位可根据判断进行区分，一旦设定其性质，在以后每年的会计核算上应尽量保持一致。

非财政补助收入超出其正常支出较多的事业单位的上级单位，可会同同级财政部门，根据该事业单位的具体情况，确定对这些事业单位实行收入上缴的办法。收入上缴主要有两种形式：①按定额上缴，即在核定预算时，确定一个上缴的绝对数额。②按比例上缴，即根据收支情况，确定按收入的一定比例上缴。对于上级单位而言，这些附属事业单位上缴的收入即为附属单位缴款。

应注意的是,附属单位返还事业单位在其事业支出中垫支的工资、水电费、房租、住房公积金和福利费等各种费用,应当冲减相应支出,不能作为附属单位缴款处理。

(六)其他收入的管理

其他收入是指事业单位取得的除财政补助收入、上级补助收入、事业收入、经营收入、附属单位上缴收入以外的各项收入。

1. 其他收入

其他收入包括投资收益、利息收入、捐赠收入、固定资产租赁收入、收取的违约金等各种杂项收入。

(1)投资收益

投资收益是指事业单位向除附属单位之外的其他单位投资而取得的收益,但不包括附属单位上缴的收入。投资收益通常包括两部分:① 投资期间分得的利息或红利;② 出售或收回投资时形成的买卖差价或收回价值与最初投资价值的差额。该差异为正数时,即为收益;该差异为负数时,即为损失。

(2)利息收入

利息收入是指事业单位因在银行存款或与其他单位或企业的资金往来而取得的利息收入。它不包括事业单位在各种债券投资上的利息收入,如国债利息收入、金融债券的利息收入等,这些利息收入应列为事业单位的投资收益。

(3)捐赠收入

捐赠收入是指事业单位以外的单位或个人(包括内部职工)无偿赠送给事业单位的未限定用途的财物,包括实物或现金。限定用途的捐赠财物应在拨入专款中单独反映。

(4)固定资产租赁收入

固定资产租赁收入是指事业单位将闲置的固定资产出租给其他单位或团体使用而取得的租金收入。

(5)收取的违约金

收取的违约金是指依据有关合同或契约,事业单位对违反合同或契约条款的单位、企业或个人收取的罚金。

2.其他收入管理

由于其他收入来源种类多，事业单位应合理核算，认真监督检查收到的各项其他收入，按照每项收入的相关规定，分别管理。

第二节　行政单位收入管理

行政单位收入是指行政单位依法取得的非偿还性资金，包括财政拨款收入和其他收入。

财政拨款收入，是指行政单位从本级财政部门取得的预算资金。其他收入，是指行政单位依法取得的除财政拨款收入之外的各项收入。行政单位依法取得的应当上缴财政的罚没收入、行政事业性收费收入、政府性基金收入、国有资源（资产）有偿使用收入等，不属于行政单位的收入。

行政单位取得各项收入，应当符合国家规定，按照财务管理的要求，分项如实核算。

行政单位应当将各项收入全部纳入单位预算，统一核算，统一管理，未纳入预算的收入不得安排支出。

一、财政拨款收入管理

行政单位的主要收入来源是财政拨款。因此，加强对行政单位财政拨款的管理，对行政单位收入管理具有特别重要的意义。

（一）财政拨款的内容

行政单位的财政拨款，即财政预算拨款收入，是指财政部门核拨给行政单位的财政预算资金，包括基本支出拨款和项目支出拨款。

财政预算拨款收入的核定，首先要保证行政单位的人员经费，其次要保证行政单位正常运转所需经费，最后要根据财力可能，保证特殊工作任务所需经费。

（二）办理财政拨款的原则

领拨财政拨款是单位预算执行的重要环节。行政单位为了开展业务工作，要根据批准的部门预算和规定的手续，提出用款计划，经过主管部门审核（汇总），向财政部门请领财政拨款，安排用于本单位的支出。领拨财政拨款要坚持以下原则：

1. 按照预算（计划）领拨

为保证单位预算的正常执行，必须有计划地、合理地使用预算资金。各用款单位在季度开始前，应当根据核定的年度预算和业务工作，编制季度分月用款计划，报主管部门或财政部门核定后，作为拨款依据。在预算执行过程中，单位不能办理无预算、无计划或超预算、超计划的经费领用和转拨。

2. 按照进度领拨

财政部门或主管部门应当根据所属单位的季度分月用款计划，结合单位的业务工作进度和资金使用情况办理拨款，既要保证单位资金的正常需要，又要实现资金的合理灵活调度，注重提高资金的使用效益。

3. 按照用途领拨

各单位领拨财政经费应当按照核定的预算、季度分月用款计划规定的用途领用和转拨，不能随意改变支出的用途。用款单位要严格按照预算规定的用途办理各项支出，保证完成工作任务。

4. 按照预算管理级次领拨

各单位在领拨经费时，应当严格按照国家规定的预算管理级次办理。各级财政部部门和主管部门不能向没有经费预算关系的单位拨付经费，同级各主管部门之间、各单位之间，也不能发生经费领拨关系。如果确有必要，应通过同级财政部门办理预算划转手续，分清资金渠道，加强经费的领拨管理。

（三）财政拨款管理的具体要求

1. 严格执行国家预算管理制度

行政单位编报单位预算和财政部门、主管部门审核单位预算，都必须严格遵守国家的预算管理制度，明确列出财政拨款数额。对财政拨款领用情况，要单独设置会计账户进行反映。财政部门和主管预算单位及所属单位之间，要建立定期对账制度，认真核对预算和领拨经费数字，保证各项数据和使用的预算科目准确、一致。在年度决算中，对财政拨款情况和转拨情况要单独反映；对财政预算安排的项目支出经费拨款，要按照有关规定加强管理和核算，保证专款专用，防止挤占、挪用。

2. 加强对财政拨款的监控

财政部门对行政单位的经费拨款，是支持单位开展业务活动、保证国家政权建设、维护社会主义市场经济秩序的需要。因此，必须加强对财政拨款的管理。一方面要严格履行审批程序，坚持按计划、按进度和按用途拨款；另一方面，要加强对财政拨款使用的监督和控制，及时掌握和反馈财政拨款的去向，保证财政资金的安全可靠，提高财政资金的使用效益。

3. 划清行政经费和基本建设投资的界限

行政经费和基本建设投资属于不同性质的支出。国家财政对行政经费和基本建设投资规定了明确的划分界限，不准相互挤占、挪用。财政部门对行政单位的行政经费拨款，只能用于单位开展正常业务工作的消耗性支出，不能用于基本建设。

二、其他收入管理

行政单位的其他收入包括非税收入、投资收益、出售资产所得、经营收益等。其中，非税收入，是指除税收以外，由各级政府、国家机关、事业单位、代行政府职能的社会团体，以及其他组织依法利用政府权力、政府信誉、国家资源、国有资产或提供特定公共服务、准公共服务取得的，并用于满足社会公共需要或准公共需要的财政资金，是政府财政收入的重要组成部分，是政府参与国民收入分配和再分配的一种形式。政府非税收入包括：行政事业性收费收入、政府性基金收入、国有资源（资产）有偿使用收入、国有资本收益、罚没收入等。社会保障基金、住房公积金不纳入政府非税收入管理范围。非税收入管理应当遵循依法、规范、透明、高效的原则。行政单位的其他收入管理非常重要，它可以为行政单位提供额外的资金来源，用于支持行政单位的运营和提供公共服务。此处主要探讨非税收入中的行政事业性收费收入和罚没收入的管理、行政单位预算外资金收入的管理。

（一）非税收入管理

1. 行政事业性收费收入的管理

行政事业性收费，是指国家机关、事业单位等依照法律法规规定，按照国务院规定的程序批准，在实施社会公共管理以及在向公民、法人和其他组织提供特定公共服务过程中，按照规定标准向特定对象收取费用而取得的收入。目前，行政事业性收费主要包括：① 管理性收费，如工商行政管理部门收取的企业注册登记费、商标注册费；② 资源性收费，如建设部门收取的城市水资源费；③ 证照性收费，如公安机关收取的户籍管理证件、居民身份证件工本费等。

行政事业性收费项目实行中央和省（自治区、直辖市）两级审批制度，即收费项目按隶属关系，分别报送国务院和省级人民政府及其财政、物价部门批准；确定和调整收费标准，按隶属关系，分别报送国务院和省级人民政府物价部门会同财政部门批准，重要收费项目的变动和标准的提高，应报请国务院或省级人民政府批准。省级人民政府批准的收费项目和收费标准应报财政部、国家发展和改革委员会（以下简称"国家发改委"）发改委备案。国家法律、行政法规中已明确的收费，具体征收管理办法的制定和修改由财政部、国家发改委负责，已明确具体收费对象、收费范围和收费标准的，依照其规定执行。地方性法规中规定的收费，具体征收管理办法的制定和修改由省级财政、物价部门负责。收费项目中的管理性收费、资源性收费、全国性的证照收费和，以及涉及中央和其他地区的地方性收费，实行中央一级审批的办法。

行政事业性收费收入是国家财政性资金，不是部门和单位的自有资金，必须纳入财政管理。各部门和单位取得的行政事业性收费，按照规定缴入国库或财政专户，对纳入预算管理的行政事业性收费必须及时、全额缴入国库；对未纳入预算管理的行政事业性收费，必须及时、全额缴入财政专户，不得截留、挪用、坐收坐支，按照"收支两条线"管理规定和国库管理制度改革的要求，对行政事业性收费实行"单位开票、银行代收、财政统管"的管理模式。

2. 罚没收入的管理

行政单位的罚没收入包括一般罚没收入、缉私罚没收入和缉毒罚没收入。一般罚没收入包括公安、检察院、法院、工商、新闻出版、技术监督、税务、海关、食品药品监督、卫生、检验检疫、证监会、银保监会[①]、交通、审计等部门查处的罚没收入。缉私罚没收入包括公安、工商、海关等部门查处的缉私罚没收入。缉毒罚没收入包括公安、海关等部门查处的缉毒罚没收入。

行政单位取得的罚没收入属于财政资金，必须全部上缴财政，不允许将收费、罚没收入与部门的经费划拨和职工的奖金、福利挂钩，严禁搞任何形式的提留、分成和收支挂钩。

（二）行政单位预算外资金收入的管理

预算外资金收入是行政单位为开展业务活动而取得的一部分财政性资金。列入行政单位预算的预算外资金收入包括两部分：一是财政专户核拨的预算外资金，二是经财政部门核准留用的预算外资金。对行政单位预算外资金收入的管理应注意以下三个要求：

第一，依法收费。行政单位必须按照国家批准的收费项目和收费标准收取费用，同时收费时必须使用合法的收费凭证。未经批准，任何行政单位不得设立收费项目和扩大收费范围、提高收费标准。

第二，及时上缴。行政单位收取预算外资金，并不等于就形成了本单位的预算外资金收入，应当作为应缴款项，不能直接作为本单位的收入处理。行政单位必须按照规定的期限及时、足额地将收取的预算外资金上缴财政专户，不得截留、坐支。经核准实行结余上缴的预算外资金，行政单位应及时将结余上缴财政专户。

第三，按计划使用。行政单位根据业务进展情况，需要使用预算外资金时，应根据财政部门核定的预算外资金收支计划和单位的财务收支计划，分别填写

---

① 2023 年 3 月，中共中央、国务院印发《党和国家机构改革方案》。在中国银行保险监督管理委员会基础上组建国家金融监督管理总局，不再保留中国银行保险监督管理委员会。同年 5 月 18 日，国家金融监督管理总局正式揭牌。

《预算外资金（经费）用款申请书》和《预算外资金（专项）用款申请书》，报送财政部门。财政部门根据年度预算外资金收支计划，预算外资金上缴财政专户情况，及时核拨资金，保证其正常用款。

行政单位的其他收入管理是保障财政收入多元化、提高财政运行效益的重要环节。科学、规范的其他收入管理有助于增加行政单位的资金来源，支持行政单位的公共事业建设和社会服务提供。同时，加强其他收入的合规性和透明度，防范风险，促进公开透明，是确保其他收入管理健康、可持续发展的关键。

第五章 行政事业单位支出管理

第一节 支出的概念和分类

一、行政事业单位支出的含义

公共组织的支出是公共组织为完成国家规定的行政或公共事业任务，进行工作和开展业务活动所必需的费用开支。公共组织的支出属于公共支出，如果政府在以多少数量、以什么质量向社会提供公共产品或服务方面做出了决策，那么公共支出实际上就是执行这些决策必须付出的成本。

（一）行政单位支出

行政单位支出是指行政单位为保障机构的正常运转和完成工作任务所发生的资金耗费和损失，包括基本支出和项目支出。

基本支出是指行政单位为保障机构的正常运转和完成日常工作任务所发生的支出，包括人员支出和公用支出。

项目支出是指行政单位为完成特定的工作任务，在基本支出之外发生的支出。

（二）事业单位支出

事业单位支出是指事业单位开展业务及其他活动所发生的资金耗费和损失。事业单位的支出或者费用包括事业支出、对附属单位补助支出、上缴上级支出、经营支出和其他支出。

事业支出是指事业单位开展专业业务活动及其辅助活动发生的基本支出和项目支出。

对附属单位补助支出是指事业单位用财政补助收入之外的收入对附属单位补助发生的支出。

上缴上级支出是指事业单位按照财政部门和主管部门的规定上缴上级单位的支出。

经营支出是指事业单位在专业业务活动及其辅助活动之外开展非独立核算经营活动发生的支出。

其他支出是指事业支出、对附属单位补助支出、上缴上级支出和经营支出以外的各项支出，包括利息支出、捐赠支出等。

二、行政事业单位支出的分类

行政事业单位支出范围很广，项目繁多，为了便于对各项支出进行研究、分析，了解它们之间的区别与联系，有针对性地加强支出管理和监督，不断提高资金的使用效益，应对行政事业单位支出进行科学分类。

行政事业单位支出分类的方法主要有以下三种：

（一）按性质分类

1. 按单位的性质分类

行政单位支出可以分为：①行政管理费支出，即用于各级人民代表大会、政治协商会议、国家各级行政机关、重要党派团体以及社会团体行使职能所需的经费支出；②公检法司支出，即用于各级公安机关、检察院、法院、司法行政机关、监狱和劳教机关的各项经费；③外交外事支出，即用于外交支出、国际组织支出、偿付外国资产支出、地方外事费、对外联络宣传经费及边境联检费等；④行政单位离退休经费支出；等等。

事业单位支出可以分为：①教育事业支出；②文体广播事业支出；③科学事业支出；④农林水利气象事业支出；⑤卫生事业支出；⑥工业交通事业支出；⑦流通事业支出；⑧抚恤和社会福利救济事业支出等。

2.按支出的性质分类

行政单位支出分为经常性支出、专项支出和自筹基本建设支出。

事业单位支出分为事业支出、经营支出、对附属单位补助支出、上缴上级支出和自筹基本建设支出。

（二）按预算科目分类

1.按政府收支分类科目的要求分类

行政事业单位支出分为：工资福利支出、商品和服务支出、对个人和家庭的补助支出、基本建设支出、其他资本性支出、其他支出。

2.按部门预算的要求分类

行政事业单位支出分为：基本支出、项目支出、经营支出、对附属单位补助支出、上缴上级支出。

（三）按支出用途分类

公共组织支出可以分为人员支出（人员经费）和公用支出（公用经费）。

行政单位人员支出包括：基本工资、岗位津贴、补贴、奖金、职工福利费、社会保障缴费、对个人和家庭的补助支出等。

事业单位人员支出包括：基本工资、绩效工资、津贴、补贴、职工福利费、社会保障缴费、对个人和家庭的补助支出等。

行政事业单位公用支出包括：公务费、业务费、设备购置费、修缮费、其他费用等。

第二节　支出管理的基本要求

一、行政事业单位支出管理的原则

行政事业单位的支出既要保证事业发展的需要，又要遵守各项财政财务制度，精打细算，厉行节约，使各项支出发挥出最大的作用。行政事业单位在进行支出的核算与管理时，一般应遵循以下原则：

（一）分清轻重缓急，合理分配各项支出的比例

行政事业单位的支出各种各样，有维持性的，也有发展性的；有行政性的，也有业务性的。对于各种经常性支出项目，要根据历史开支的规律合理安排其支出数额；各种重点项目、急需项目，则要在照顾一般的条件下优先安排。只有科学分配有关支出，才能以有限的资金，保证行政事业单位的任务顺利完成。

（二）分清各种支出的界限，按资金渠道办理支出

行政事业单位的各种资金都有规定的使用范围，应当严格遵守。例如，把基建支出、专项资金支出和基本业务支出混同起来使用，是违反国家财经纪律的，也不利于行政事业单位业务的发展。

（三）严格控制社会集团购买力，节约各种费用支出

社会集团购买力是指行政事业单位和企业在市场上购买公共消费性商品的资金数额。社会集团购买力的任意扩大，意味着行政管理费用的增加。因此，国家对各单位下达的社会集团购买力的控制指标，各单位不得突破。

行政事业单位的财会人员，应认真执行有关规定，既要把好关，又要加强监督。对一切公用消费品，能不买的，尽量不买；对购买专控商品没有准购证的，要拒绝支付和报销。

（四）划清开支界限，应由职工自理的费用，不能由公款开支

行政事业单位的职工因执行公务需要可给予必要的津贴和补助，但个人生活、学习等有关费用应自行负担，不能用公款开支。例如，职工住房，应按规定收取房租；职工宿舍水电费，应由职工自己负担；职工个人订阅报纸、刊物的费用，应由职工自理；职工因私使用公车必须按规定标准交费。行政事业单位的会计部门在办理费用支出时，应认真执行有关规定。

二、行政事业单位支出管理的要求

国家对行政事业单位支出管理的规定主要有以下几个方面：

第一，行政单位应当将各项支出全部纳入单位预算。各项支出由单位财务部门按照批准的预算和有关规定审核办理。

第二，行政单位的支出应当严格执行国家规定的开支范围及标准，建立健全支出管理制度，对节约潜力大、管理薄弱的支出进行重点管理和控制。

第三，行政单位从财政部门或者上级预算单位取得的项目资金，应当按照批准的项目和用途使用，专款专用、单独核算，并按照规定向同级财政部门或者上级预算单位报告资金的使用情况，接受财政部门和上级预算单位的检查监督。项目完成后，行政单位应当向同级财政部门或者上级预算单位报送项目支出决算和使用效果的书面报告。

第四，行政单位应当严格执行国库集中支付制度和政府采购制度等规定。

第五，行政单位应当加强支出的绩效管理，提高资金的使用效益。

第六，行政单位应当依法加强各类票据管理，确保票据来源合法、内容真实、使用正确，不得使用虚假票据。

第七，事业单位开展非独立核算经营活动的，应当正确归集开展经营活动发生的各项费用；无法直接归集的，应当按照规定的标准或比例合理分摊。事

业单位的经营支出与经营收入应当相配比。

第八，事业单位的支出一般应当在实际支付时予以确认，并按照实际支付金额进行计量。采用权责发生制确认的支出或者费用，应当在其发生时予以确认，并按照实际发生额进行计量。

第三节　各项支出的具体管理

行政事业单位性质不同，其支出管理的要求也不同，但行政事业单位在具体的支出项目，如人员支出、公用支出、专项支出等项目上的管理要求是基本一致的。

一、人员经费管理

（一）人员经费的内容

人员经费是指公共组织用于职工个人方面的费用开支。我国行政事业单位分别实行不同的工资制度，行政单位实行职务级别工资制，事业单位实行岗位绩效工资制。

行政事业单位人员支出：基本工资、岗位津贴、补贴、奖金、职工福利费、社会保障缴费、对个人和家庭的补助支出等。

（二）人员经费的管理

人员经费的管理具体包括以下几个方面：

1. 工资管理

行政事业单位职工的工资性支出在行政事业单位支出中占有较大比重，包括：基本工资、补助工资、其他工资。

基本工资：它是国家向公共组织工作人员支付劳动报酬的主要形式，是指按照国家统一规定的工资标准支付给公共组织工作人员的基本劳动报酬。

补助工资：它是工资的补充和延伸，是基本工资之外按国家规定开支的津贴、补助。

其他工资：是在基本工资、补助工资之外，发给在职人员属于国家规定工资总额组成范围内的各种津贴、补贴、奖金等。

加强工资管理，是做好行政事业单位支出管理工作的一项重要内容，相关人员主要应做好如下工作：① 严格执行国家规定的人员编制，不能超编；② 加强工资基金的管理；③ 严格执行国家有关工资、津贴、补贴等个人待遇的规定。

2. 职工福利费管理

职工福利费是用于提高职工物质福利、帮助职工家属解决生老病死等方面的困难而支付的费用等，包括：工会经费、福利费、职工死亡丧葬费、遗属生活困难补助费。行政事业单位根据国家统一规定按工资总额的一定比例提取福利费。

工会经费是指工会依法取得并开展正常活动所需的费用。按《中华人民共和国工会法》，工会经费的主要来源是工会会员缴纳的会费和按每月全部职工工资总额的 2% 向工会拨交的经费。其中，2% 的工会经费是经费的最主要来源。

福利费是单位按国家规定提取的用于职工福利的费用。对于福利费的开支范围，国家是有明文规定的，主要用于职工生活困难补助、职工医药费、职工工伤赴外地就医路费以及企业福利部门的各项开支等。福利部门主要包括：医务室、托儿所、幼儿园。

职工死亡丧葬费是指行政事业单位职工死亡后，根据有关规定标准，经领导批准发给其家属的丧葬费用。

遗属生活困难补助费是指按照有关规定对行政事业单位职工身故后的遗属发放的生活困难补助费。遗属生活困难补助费标准，以能维持当地一般群众生活水平为原则，具体标准由各省规定。

职工福利开支应当按照有关制度规定的开支范围、提取比例和标准开支使用。对职工进行福利补助，必须把思想教育与物质帮助结合起来。生活上的困难一般应先由职工自行想办法，通过私人渠道解决，或通过单位互助会借款解决，依靠个人力量确定无法解决的才给予适当补助。同时，对工作人员的困难补助应注意防止过于宽泛的现象发生。

（三）社会保障费管理

社会保障费是单位按国家规定为职工缴纳的养老保险、医疗保险、失业保险、工伤保险、生育保险等社会保险费。社会保险与商业保险的共同特点是都以保障人身生、老、病、死、伤残的风险为目的，不同点在于社会保险具有强制性，而商业保险具有营利性。

1. 养老保险

养老保险是国家和社会根据一定的法律和法规，为劳动者在达到国家规定的解除劳动义务的劳动年龄界限，或因年老丧失劳动能力退出劳动岗位后的基本生活而建立的一种社会保险制度。国家机关工作人员、事业单位工作人员的基本养老保险，单位缴纳部分与个人缴纳部分均按照其实际月工资的相应比例按月缴纳。

2. 医疗保险

医疗保险是为保障城镇职工的基本医疗需求，合理利用卫生资源，完善社会保障体系，由政府制定，用人单位和职工双方共同负担的一种社会保险。企业按职工工资总额的相应比例缴纳；职工按上一年月平均工资的相应比例缴纳。

3. 失业保险

失业保险是国家通过立法强制实行的，由社会集中建立基金，为因失业而暂时中断生活来源的劳动者提供物质帮助，以保障其基本生活的一种社会保险制度。失业保险金标准根据失业人员累计缴费年限和年龄确定。在相同缴费年限下，失业保险金支付标准随申领人年龄的增长而增加。也就是说，失业保险更关注年龄大的失业人员。失业保险金支付标准由市劳动保障部门公布。

4. 工伤保险

工伤保险是劳动者在工作中或在规定的特殊情况下，遭受意外伤害或因患职业病暂时或永久丧失劳动能力以及死亡时，劳动者或其遗属从国家和社会获得物质帮助的一种社会保险制度。它包含以下两层含义：工伤发生时劳动者本人可获得物质帮助；劳动者因工伤死亡时其遗属可获得物质帮助。

5. 生育保险

生育保险是通过国家立法规定，在劳动者因生育子女而暂时中断劳动力时，由国家和社会及时给予物质帮助的一项社会保险制度。我国生育保险待遇主要包括两项：一是生育津贴，用于保障女职工产假期间的基本生活需要；二是生育医疗待遇，用于保障女职工怀孕、分娩期间以及职工实施节育手术时的基本医疗保健需要。

社会保障支出是社会公共需要的重要组成部分。其管理要求为：① 坚持社会统筹和个人账户相结合，完善职工基本养老保险制度；② 进一步推进医疗保险制度改革；③ 继续做好城市居民最低生活保障的落实工作，全面实施农村居民最低生活保障制度；④ 完善社会救助制度；⑤ 加快建立农村养老保险、医疗保险和最低生活保障制度；⑥ 进一步增强社会保险费征缴力度。

（四）对个人和家庭的补助管理

对个人和家庭的补助是政府用于对个人和家庭补助方面的支出，包括：离休费、退休费、退职（役）费、抚恤金、生活补助、救济费、医疗费、助学金、奖励金、生产补贴、住房公积金、提租补贴、购房补贴、离退休人员提租补贴、离退休人员购房补贴、其他对个人和家庭的补助支出。

单位对个人和家庭补助项目的管理，重点是把好发放期限关，据实编制到月，杜绝超期冒领等现象。对不同性质的项目应按不同的规定严格执行，不得擅自扩大发放范围和比例、提高发放标准。

二、公用经费管理

公用经费是指行政事业单位为了完成公共事业计划和工作任务，用于单位公共事务方面的费用开支。行政事业单位公用经费包括：公务费、业务费、设备购置费、修缮费、其他费用等。

（一）公务费及其管理

1. 公务费

公务费是指公共组织用于日常管理等公务方面的费用支出。公务费包括：办公费，邮电费，水电费，公用取暖费，工作人员差旅费，调干旅费，驻外机构人员出国回国旅费，器具设备车船保养修理费，机动车船燃料费、保险费和养路费，牧区办公用马、用车费，会议费，场地车船租赁费等。对公务费中的一些支出较大的项目，应实行重点管理。

（1）办公费

办公费是指单位耗用的文具、印刷、邮电、办公用品及报纸杂志等办公费用。办公费的核算内容包括：部门用文具、纸张印刷品（包括各种规程、制度、报表、票据、账簿等的印刷费和购置费）、报纸杂志费、图书资料费、邮电通信费（包括邮票、邮费、电报、电话费、市话初装费，以及调度通信话路以外的话路租金等），以及银行结算单据工本费等。

（2）会议费

会议费是指召开会议的单位，按照规定标准开支的各项费用。会议费的核算内容主要包括：住宿费、餐饮费、交通费、会务费（会议场地租金、会议设施租赁费用、会场布置费用等），以及其他支持（通常包括广告及印刷、礼仪、秘书服务、运输与仓储、娱乐保健、媒介、公共关系等）费用。

（3）差旅费

差旅费是指出差期间因办理公务而产生的交通费、住宿费和公杂费等各项费用。不同单位或部门对差旅费的具体开支范围的规定可能会有所不同。根据一个单位或部门的具体规章制度，规定限额内的差旅费可以按照一定的程序凭据报销。

（4）公务接待费

公务接待费是单位按规定开支的各类公务接待（含外宾接待）费用，包括餐饮、接待烟、住宿、景区门票等费用。

（5）公务用车运行维护费

公务用车运行维护费包括单位公务用车租用费、燃料费、维修费、过桥过路费、保险费、年检年审费、安全奖励费等支出。

2．公务费的管理要求

加强会议费的管理；加强电话费的管理；加强汽车燃料费、修理费的管理；加强业务招待费的管理等。

（二）设备购置费及其管理

1．设备购置费

设备购置费是指行政事业单位用于购置不够基本建设投资额度，但按固定资产管理的各种设备的费用支出。设备购置费包括一般设备购置费、专业设备购置费、图书购置费和交通工具购置费。

（1）一般设备购置费

一般设备购置费是指行政事业单位用于购置在 2 万元以下、300 元以上的办公用家具、器具、车辆等设备的购置费。

（2）专业设备购置费

专业设备购置费是指行政事业单位专业用的器械、设备、仪器等的购置费。

（3）图书购置费

图书购置费是指行政事业单位的一般用书、专业图书、杂志等的购置费。

（4）交通工具购置费

交通工具购置费指行政事业单位的汽车、摩托车、船舶等一般交通工具的购置费。

2．设备购置费的管理

行政事业单位购置的设备是单位开展业务工作的必要条件，加强设备购置费的管理，主要应做好以下几个方面的工作：① 充分论证，确定项目，编制购置计划（预算）。各单位在购置设备之前，应结合实际需要，认真进行可行性研究；编制统购计划，计划单要有被购置设备的名称、规格、数量、单价、总金额等。② 严格审批手续，避免盲目购进。③ 实行政府采购制度，执行社会集团购买力管理规定。④ 认真把好验收关，确保设备质量。⑤ 划清设备购置费与基本建设投资额中的设备购置界限，不得互相挤占、互相挪用。

（三）修缮费及其管理

1. 修缮费

修缮费是指行政事业单位用于固定资产维修、养护的费用支出。此外，它还包括由上级主管部门规定、按有关收入的一定比例提取的，列入修缮开支的修购基金。修缮费主要包括：房屋修缮费、公共设施修缮费和零星土建费。

（1）房屋修缮费

行政事业单位用于房屋、建筑物及其附属设备的修缮所支付的费用，包括人工费、材料费等开支。

（2）公共设施修缮费

公共设施修缮费包括城建部门、房屋管理部门经营的由国家预算拨款的房屋、建筑物、公共设施的维修养护费，文物部门的古建筑、革命纪念建筑物的维修费。

（3）零星土建费

零星土建费指按国家有关规定，不够基本建设投资额度，单价工程造价不超过 5 万元的零星土建工程的费用开支。

2. 修缮费的管理

严格划分一般修缮、大型修缮与基本建设项目的资金界限和审批权限；节约使用修缮费；认真审核和完善支出手续等。

（四）业务费及其管理

1. 业务费

业务费是指行政事业单位开展专业工作所需的消耗费用开支和购置低值易耗品所发生的费用开支。具体包括：① 防治防疫用的消耗性医药卫生材料费；② 为进行科学实验购置的工具器具等低值易耗品、化学试剂、材料，以及专业资料印刷、科学考察研究费用；③ 各级各类学校的教学实验费、生产实习费、资料讲义费、招生经费、毕业生调遣费、教材编审费、业务资料印刷费等；④ 差旅费、国外生活费补贴和外宾差旅费、招待费；⑤ 财政、税务、统计、财务部门的账簿、表册、票证、规章制度、资料、材料的印刷费等。

2. 业务费的管理

业务费是行政事业单位完成工作任务和事业计划的重要条件，行政事业单位应重点予以保证。由于大多数业务费用开支项目，国家没有制定具体的开支标准，所以在执行中容易出现支出随意性等问题。因此，行政事业单位应根据本单位的实际情况和业务特点，制定各项业务费定额和相应的管理制度，合理使用资金。同时，要加强对业务费使用的监督检查，发现问题后及时纠正。

（五）其他费用的管理

其他费用是指上述费用以外的费用开支，包括：外籍专家经费，出国实习人员生活费，来我国实习人员生活费，职工教育经费，各种医疗减免费，抚恤费，救济费，烈军属、复员军人安置费，民政部门休养、收养人员生活费和服装费，民政部门收容人员给养费，行政赔偿费，诉讼费、来访费和其他杂费等。

行政事业单位在办理其他费用支出时，要按照国家有关规定执行，不符合国家规定的开支，不得办理支出。

第六章 行政事业单位资产管理

第一节 资产管理概述

一、行政事业单位资产概念

行政事业单位资产是指各级行政事业单位占有、使用的，依法确认为国家所有，能以货币计量的各种经济资源的总称，即行政事业单位的国有（公共）财产，包括纯办公性的非经营性资产、经营性资产、综合性资产及其他公产，其表现形式为固定资产、流动资产和无形资产等。

《政府会计准则——基本准则》中的资产是指政府会计主体过去的经济业务或者事项形成的，由政府会计主体控制的，预期能够产生服务潜力或者带来经济利益流入的经济资源。服务潜力是指政府会计主体利用资产提供公共产品和服务以履行政府职能的潜在能力。经济利益流入表现为现金及现金等价物的流入，或者现金及现金等价物流出的减少。

二、行政事业单位资产分类

《政府会计准则——基本准则》规定，政府会计主体的资产按流动性，分为流动资产和非流动资产。流动资产包括货币资金、短期投资、应收及预付款项、存货等。非流动资产包括固定资产、在建工程、无形资产、长期投资、公共基础设施、政府储备资产、文物文化资产、保障性住房和自然资源资产等。

三、资产管理一般策略

（一）建立健全内部资产管理制度

行政事业单位应立足实际发展的需要，及时对各项资产管理制度进行补充和完善，确保资产管理更加有序、高效。国有资产管理制度体系应该做到全覆盖，形成管理全口径、全覆盖的资产管理规章体系。制度建设不仅要做到有章可循，还要便于管理：一是单位应将资产管理制度进行细化，如将其细分为资产采购验收制度、日常使用管理制度、转让管理制度、报损报废制度、监督检查制度等，在资产管理的各个环节都要做到有据可依，有规范、有流程。二是资产管理各项制度要整体有序、环环相扣，相互之间不存在冲突，便于执行。制度应该全面，要考虑不同管理层次的需求，要能落地、有效，同时要加强资产管理内部审计制度的执行。行政事业单位内部审计可适时开展资产管理专项审计，及时发现资产管理过程中存在的不规范、低效率的问题，并通过整改工作来解决资产管理漏洞，防范风险。

（二）合理设置资产管理岗位，明确职责权限

行政事业单位按照"统一领导、分类管理、归口统筹、分级负责、责任到人"的管理体制，根据本单位具体规定和单位实际，合理设置资产管理岗位，确保不相容岗位相分离。通过明确划分各职能部门、管理岗位的职责权限来有效实现资产管理。首先，内部各部门之间不相容的职能相分离。预算编制与资产采购相分离，采购与验收相分离，验收与入账相分离，实物账与价值账的管理相分离，实物账与实物的管理相分离。其次，资产管理部门不相容的职务相

分离。负责预算编制管理与负责采购管理的职务相分离，负责采购管理与负责账务管理的职务相分离，负责库房管理与负责账务管理的职务相分离。最后，资产管理部门内部之间不相容的岗位相分离。库房管理岗位与账务管理岗位相分离，资产采购岗位与资产账务管理岗位相分离，库房管理岗位与办理资产处置岗位相分离。

在实现分离控制的同时也要考虑成本效益，在实际工作中不能过于追求单位内部控制的层次和人员，要以高效、实用为出发点，根据单位的工作实际，有重点地合理设置内控层次和人员岗位，明确各个层次的职责权限，强化各相应层次的责任，从而提高单位内部控制的有效性。

（三）识别资产管理风险点，采取相应的风险点控制措施

行政事业单位资产管理容易出现的风险点主要包括货币资金是否安全完整、资产配置是否科学、合理；采购是否按国家相关规定办理；资产验收是否规范；出入库手续是否齐全；是否账实相符、账账相符；使用过程中领用、借用、归还手续是否齐全；资产出租、出借、对外投资的程序是否合法；在资产使用过程中是否存在损坏、丢失、浪费、闲置、使用率低下；是否严格按照规定进行资产处置，待报废资产是否账实相符、账账相符；资产清查是否全面彻底，是否存在隐瞒不报、账实不符的情况；等等。准确识别资产管理各环节的风险点并建立与之相匹配的控制措施是实现资产内部控制的切实保障。

（四）加大资产清查核实工作力度

行政事业单位根据资产管理的工作需要，按照规定的程序、方法，对本单位进行账务清理、财产清查，依法认定各项资产损益和资金挂账，对资产盘盈、资产损失和资金挂账按程序予以申报认定，从而明确单位资产总额。清查内容包括单位基本情况清理、账务清理、财产清查和完善制度等。其中，单位基本情况清理是指对纳入清查工作范围的所属单位户数、机构及人员状况等基本情况进行清理；账务清理是指对单位的库存现金、银行账户、有价证券、资金往来和其他基本账务情况进行核对和清理；财产清查是指对单位的各项资产进行全面的清理、核对和查实；完善制度是指针对存在的资产管理问题，进行总结、分析，提出整改措施和实施计划，建立健全各项资产管理制度。单位对

清查的资产盘盈、资产损失和资金挂账情况应该按照资产清查要求分类整理，提出相关处理建议。

（五）加快资产管理信息化建设，合理配置资源

行政事业单位应大力推进资产管理信息化的实践，加快构建本单位的资产信息管理平台，包括资产卡片管理、资产配置管理、资产使用管理、资产处置管理、产权登记管理、资产评估管理、资产收益管理、资产报表管理和查询分析，实现资产管理信息系统与财务系统的对接和完善。一方面，资产管理和预算、财务、实物等的管理要实现对接，从规范资金的投入使用入手，加大资金使用的审核力度，制定合理的资源配置计划。关注资金投入的目的性和针对性，将有限的资金用在最适合、最迫切的地方。另一方面，要建立资源共享平台，改变设备资产重复购置、闲置浪费的现状，结合本单位资产设备的管理情况，合理安排、调配资源，不断提高资产的利用率。利用资产管理信息系统对资产进行动态管理与监控，在节约人工成本的情况下，及时发现、解决资产管理过程中存在的各类问题，提高资源配置的效率。

（六）建立健全资产绩效评估体系，提高资产使用效益

行政事业单位要对资产管理的绩效进行评价。绩效评估体系能够在很大程度上有效降低资产管理成本，提高资产的使用效率。单位应科学设立资产管理绩效评价指标体系，基于客观性、可比性、系统性、合理性等原则，以行政事业单位资金投入后产生的效果、效率和效益为基础，借助定性与定量相结合的方法，形成一套较为完备的多指标体系，对国有资产管理的实效进行科学评价。单位应根据实际情况，根据管理需求的不同，合理确定评价重点，不断摸索适合自身需求的评价体系。例如，资产管理绩效评价体系不应局限于评价资产管理的效率、效益、效果，如果管理制度本身不完善，还应对资产管理体制、机制的建设及管理水平的高低加以评价。同时，与资产管理紧密相关的财务绩效与预算绩效也应纳入考核的范畴，资产管理绩效评价结果应作为国有资产配置的重要依据。

第二节　固定资产管理

一、固定资产的含义和分类

（一）固定资产的含义

固定资产是指使用期限超过一年，单位价值在1 000元以上（其中，专用设备单位价值在1 500元以上），并且在使用过程中能基本保持原有物质形态的资产。

1. 固定资产的使用期限在一年以上、单位价值在规定标准以上

与流动资产中的一次性消耗的材料和一年内转变为现金的其他流动资产项目不同，国家规定固定资产的使用期限应超过一年，单位价值应在1 000元以上（其中，专用设备单位价值在1 500元以上）。另外，单位价值虽未达到规定标准，但是耐用时间在一年以上的大批同类物资，也作为固定资产管理。

2. 固定资产在使用过程中要基本保持其原有物质形态

固定资产在使用过程中要基本保持其原有物质形态，其价值在多次使用中，随固定资产的磨损程度而逐步地或者多次地消耗、转移或者实现。一般，同时具备以上条件的资产才能作为固定资产进行管理和核算。

这与流动资产在使用中不断改变其原有物质形态、价值一次性消耗、转移或者实现是完全不同的。

（二）固定资产的分类

固定资产是单位开展业务工作的重要物质条件，其种类繁多，规格不一，为了加强固定资产管理，正确进行固定资产核算，必须对其进行合理的分类。

固定资产一般分为以下几类：房屋和构筑物，通用设备，专用设备，文物和陈列品，图书、档案等。

1. 房屋和建筑物

房屋和建筑物是指产权属于本单位的所有房屋和建筑物，包括办公室（楼）、会堂、宿舍、食堂、车库、仓库、油库、档案馆、活动室、锅炉房、烟囱、水塔、水井、围墙等及其附属的水、电、煤气、取暖、卫生等设施。

2. 通用设备

通用设备是指常用的办公与事务方面的设备，如办公桌、椅、凳、橱、架、沙发、取暖和降温设备、会议室设备、家具用具等。一般设备属于通用的，如饮具炊具、装饰品等也列入通用设备类。

3. 专用设备

专用设备是指单位所有专门用于某项工作的设备，包括：文体活动设备、录音录像设备、放映摄像设备、打字电传设备、电话电报通信设备、舞台与灯光设备、档案馆的专用设备，以及办公现代化微电脑设备等。凡是专用于某一项工作的工具器械等，均应列为专用设备。

4. 文物和陈列品

文物和陈列品是指博物馆、展览馆等文化事业单位的各种文物和陈列品。例如，古玩、字画、纪念物品等。

5. 图书、档案

图书是指专业图书馆、文化馆的图书和单位的业务书籍。单位内部的图书资料室、档案馆所有的各种图书，包括政治、业务、文艺等书籍，均属国家财产。档案是指档案管理机构保管的档案及单位统一管理的档案。

二、固定资产的日常管理

固定资产日常管理流程如图 6 所示。

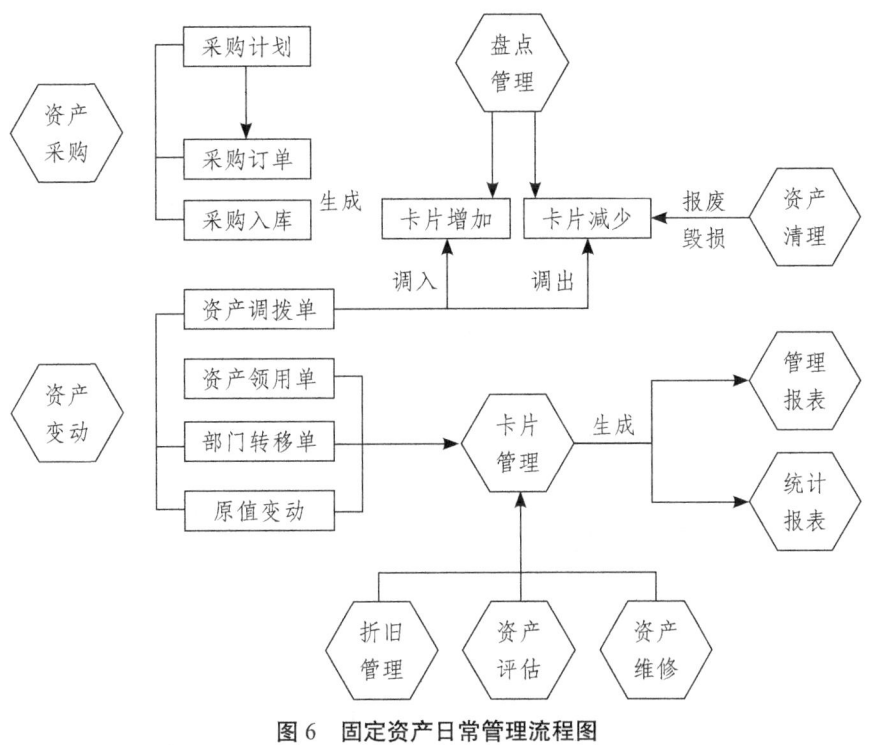

图 6　固定资产日常管理流程图

（一）固定资产日常管理的基础工作

1. 验收合格

登记入账的固定资产，财务上要求必须调试验收合格，只有达到可以使用状态的固定资产才能发挥生产效能。没有安装完成的固定设备，在财务的处理上也有相应的规定，要记入"在建工程"项目，作为正式固定资产的一个过渡称谓。

2. 登记品名、规格

行政事业单位对固定资产要进行有效管理，固定资产必须有固定的名称，而且名称必须符合行业标准，简明、通俗易记、准确无误。固定资产除名称外，还应该有明确的规格，否则随着同类设备的增加，很可能增加识别的难度：一方面，财务会计在建立固定资产台账的时候必须登记固定资产名称、规格；另一方面，对于使用部门的固定资产，必须在醒目的位置张贴固定资产标识，标签上注明与会计账务上相同的名称及规格。

3. 设立固定资产编码

在固定资产较多的单位，其品名、规格的相同或相似，给固定资产的日常管理、盘点、识别带来了许多不便。要解决这个问题，就要建立固定资产编码，会计人员对确认的每一项固定资产，都要编制出一个唯一的固定资产编码，将这个编码同时在会计固定资产台账和实物标签中体现出来。

（二）做好固定资产日常管理工作

1. 加强教育，提高认识

资产管理不是资产管理员或哪个人、哪个部门的事，与每个公务人员都息息相关，是每个人的责任。在系统内要加强教育，增强全体人员的责任意识，倡导"勤俭节约，爱护公物"的风气，树立以单位为家的意识，尽可能地保护资产的完好，做到物尽其用，延长资产的使用寿命，提高资产使用效率。

2. 完善制度，规范流程

一是规范资产入库登记制度，严把数量关、质量关。采购小组对计划购置的设备，特别是电子设备和专用设备等，在设备的规格、型号、内部配置及其他技术要求方面要进行细致的验收，必要时要聘请专业技术人员协助验收，以提高实物资产验收的工作质量。

二是规范资产的领用交回制度，完善资产转移手续。新购置的资产出库时，要让资产使用单位和使用人对数量、质量和规格等内容进行确认。内部调拨的资产以及资产暂时不需要或不能交回时，在资产转移前，要按照出库单的相关内容进行先查验后移交，资产移交的双方要在数量、质量和规格等方面进行确认。资产内部调拨时要有调拨单，资产交回时则以入库单的形式详细记录资产转移手续。

三是规范资产保管清查制度。资产的保管工作必须在单位提供专门场所和指定专人负责的前提下进行，除对保管的资产做到数量清、质量清、规格清、存放有序以外，还要做好资产保管的规范统计，资产的维修登记、报废鉴定等工作。要保证每年对实物资产进行清查盘点，特别是在基层单位负责人调整时，更应履行资产盘点和移交手续，始终保持卡片信息与实物资产的真实、统一。在资产的定期盘点中，资产管理员要认真撰写现有资产的存量、结构和使用状况报告，对闲置的资产以及利用率不高的资产要提出合理调配计划，使单位领导对资产管理情况有比较全面的了解，以充分提升资产的使用价值。

四是完善资产维护保养制度。资产的维护保养主要是资产使用单位或资产使用人的职责，但各单位的资产管理办法和实施细则中往往只有条款式的规定，而使用单位对资产要维护保养什么、有哪些要求等，则不够清楚。资产管理员应根据资产的类型、技术要求、操作规程等，在工作要点、流程等方面对资产的维护保养做出明确规定，特别是对车辆、电子设备、电气设备等贵重、精密的资产要进行定期的维护与保养。资产管理员要制订资产维修计划，检查并改善资产的使用状况，减少资产的非正常损耗，延长国有资产的使用寿命。

3. 及时建档，完善资料

加强固定资产档案资料的日常积累，建立与完善固定资产档案，使资产管理的基础性工作更加规范化。财务部门要在资产入账时，严把审核关，保证资产的购置、验收入库及出库等手续齐全，并对相关凭证和资料进行日常积累和整理，与行政部门协调配合，随时掌握资产的存量结构和使用状况，为资产信息统计上报、资产处置及资产的动态管理等做好基础性工作。

4. 全程监督，实施奖惩

资产管理员要按照工作职权和管理制度的要求，对资产进行全程监控。资产管理员要参与资产购建和流转的每一个环节，对验收入库的资产要进行详细登记和信息录入，做到数量清、质量清、规格清，并掌握资产管理的整体情况。同时，要将资产的日常监管、常规使用与维护保养等工作，作为每个单位及个人年度考核的内容之一，对因责任心不强、管理不善造成损失的要按有关规定进行处理；对工作做得好的，应给予表彰，并在评先评优等方面优先考虑，激发其工作热情和责任心，从而不断提高资产管理水平。

三、固定资产购建的管理

固定资产增加的来源主要有购入的固定资产、基建完工验收的固定资产、自制的固定资产、调入的固定资产和接受捐赠的固定资产。

（一）购入的固定资产管理

按照实际支付的买价和调拨价及运杂费、安装费和交纳的有关税费等计价。行政事业单位应当根据自身工作需要和财力，认真研究，科学论证，编制年度固定资产采购计划，经单位领导审批，主管部门同意，报财政部门批准后，列入当年预算，并在批准的范围内购置固定资产。单位购置贵重精密固定资产，应当事先进行可行性论证，提出各种不同方案，择优选用。单位购买属于控制范围的商品，必须按照有关控制社会集团购买力的有关规定办理，执行政府采购制度。对购入的固定资产，应由单位资产管理部门组织验收；对购置的专业设备、贵重精密设备（仪器）等，应当会同有关专业技术人员进行验收。经验收合格后，资产管理部门要填制"固定资产验收单"，办理固定资产入库手续；财务部门要填制记账凭单，计入固定资产总账。

（二）基建投资建设完工验收的固定资产管理

基本建设项目竣工交付使用时，施工单位应当按照规定办理基本建设竣工决算，并编造完工清册，逐项注明完工财产的数量和价值。同时，按照规定将有关技术文件交给建设单位。行政事业单位的项目由单位资产管理部门组织验收。经验收合格的项目，应填制"基本建设工程完工项目验收单"，登记固定资产账簿、卡片；财务部门办理与购入固定资产相同的入账手续。

（三）自制的固定资产、无偿调入的固定资产、接受捐赠的固定资产的管理

自制的固定资产、无偿调入的固定资产、接受捐赠的固定资产均应按照规定，进行计价、验收，并登记入账。

四、固定资产处置的管理

（一）行政事业单位固定资产处置的概念及范围

行政事业单位固定资产处置，是指固定资产的无偿转让、出售、置换、报

损、报废等。其范围包括：闲置资产；因技术原因并经科学论证，确需报废、淘汰的资产；因单位分立、撤销、合并、改制、隶属关系改变等原因发生产权或者使用权转移的资产；盘亏、呆账及非正常损失的资产；已超过使用年限无法继续使用的资产；根据国家政策规定需要处置的资产。

（二）行政事业单位固定资产处置的程序

行政事业单位处置国有资产应当严格履行审批手续，未经批准不得处置。行政事业单位固定资产的处置应遵循公开、公正、公平的原则，数量较多或者价值较高的，应通过拍卖等市场竞价方式公开处置。报有关部门审批时，还应根据不同情况提交有关文件、证件及资料。

1. 行政单位固定资产处置程序

行政单位固定资产处置应当由行政单位资产管理部门会同财务部门、技术部门审核鉴定，提出意见，按审批权限报送审批。

2. 事业单位固定资产处置的程序

事业单位固定资产价值或者批量价值在规定限额以上的，应先经主管部门审核，然后报同级财政部门审批；规定限额以下的固定资产，只需报主管部门审批，主管部门将审批结果定期报同级财政部门备案。"规定限额"要根据各级政府的规定而定，一般指原值在1万元以上（含1万元）或年度内总额在5万元以上的固定资产。

（三）行政事业单位固定资产处置收入的会计核算方法

行政事业单位固定资产处置的变价收入和残值收入属于国家所有，按照政府非税收入管理的规定，应及时全额上缴财政非税收入专户，实行"收支两条线"管理，严禁坐支和挪作他用。

五、固定资产折旧

（一）固定资产折旧的含义

固定资产折旧指一定时期内，为弥补固定资产损耗，按照规定的固定资产折旧率提取的固定资产折旧，或按国民经济核算统一规定的折旧率虚拟计算的固定资产折旧。它反映了固定资产在当期生产中的转移价值。

（二）计提折旧的固定资产范围

1. 计提折旧的固定资产

计提折旧的固定资产包括：① 房屋建筑物；② 在用的机器设备、食品仪表、运输车辆、工具器具；③ 季节性停用及修理停用的设备；④ 以经营租赁方式租出的固定资产和以融资租赁方式租入的固定资产。

2. 不计提折旧的固定资产

不计提折旧的固定资产包括：① 已提足折旧，仍继续使用的固定资产；② 以前年度已经估价单独入账的土地；③ 提前报废的固定资产；④ 以经营租赁方式租入的固定资产和以融资租赁方式租出的固定资产。

（三）影响固定资产折旧的因素

1. 固定资产原价

固定资产原价是指固定资产的成本。已达到预定可使用状态、但尚未办理竣工决算的固定资产，应当按照估计价值确定其成本，并计提折旧，待办理竣工决算手续后，再按实际成本调整原来的暂估价值，但不需要调整原已计提的折旧额。

2. 预计净残值

预计净残值是指假定固定资产预计使用寿命已满，并处于使用寿命终了时的预期状态，单位从该项资产处置中获得的扣除预计处置费用后的金额。

3. 固定资产减值准备

固定资产减值准备是指固定资产已计提的固定资产减值准备累计金额。

4. 固定资产的使用寿命

固定资产的使用寿命是指使用固定资产的预计期间或者该固定资产所能生产产品或提供劳务的数量。确定固定资产使用寿命时，应当考虑下列因素：① 该资产的预计生产能力或实物产量；② 该资产的有形损耗，如设备使用中发生磨损，房屋建筑物受到自然侵蚀等；③ 该资产的无形损耗，如新技术的出现使现有的资产技术水平相对落后，市场需求变化使产品过时等；④ 法律或类似规定对该项资产使用的限制。

（四）固定资产折旧方法

1. 平均年限法

平均年限法又称为直线法，是将固定资产的折旧均衡地分摊到各期的一种方法。采用这种方法计算的每期折旧额均是等额的。计算公式如下：

$$年折旧率 = \frac{1-预计净利残值率}{预计使用年限} \times 100\%$$

$$月折旧率 = \frac{年折旧率}{12}$$

$$月折旧率 = 固定资产原价 \times 月折旧率$$

上述折旧率是按个别固定资产单独计算的，称为个别折旧率，即某项固定资产在一定期间的折旧额与该固定资产原价的比率。通常按分类折旧来计算折旧率，计算公式如下：

$$某类固定资产年折旧额 = \frac{某类固定资产原值 - 预计残值 + 清理费用}{该类固定资产的使用年限}$$

$$某类固定资产月折旧额 = \frac{某类固定资产年折旧额}{12}$$

$$某类固定资产年折旧额 = \frac{某类固定资产年折旧额}{该类固定资产原价} \times 100\%$$

采用分类折旧率计算固定资产折旧，计算方法简单，但准确性不如个别折旧率。

采用平均年限法计算固定资产折旧虽然简单，但也存在一定的局限性。例如，固定资产在不同使用年限提供的经济效益不同，平均年限法没有考虑这一事实；又如，固定资产在不同使用年限发生的维修费用也不一样，平均年限法也没有考虑这一因素。因此，只有当固定资产各期的负荷程度相同，各期应分摊相同的折旧费时，采用平均年限法计算折旧才是合理的。

2. 工作量法

工作量法是根据实际工作量计提折旧额的一种方法。这种方法可以弥补平均年限法只注重使用时间、不考虑使用强度的缺点，计算公式为：

$$每一工作量折旧额 = \frac{固定资产原价 \times （1-残值率）}{预计总工作量某项固定资产月折旧额}$$

$$= 该项固定资产当月工作量 \times 第一工作量折旧额$$

3. 加速折旧法

加速折旧法也称为快速折旧法或递减折旧法，其特点是在固定资产有效使用年限的前期多提折旧，在后期少提折旧，从而相对加快折旧的速度，使固定资产成本在有效使用年限中快速得到补偿。常用的加速折旧法有以下两种：

（1）双倍余额递减法

双倍余额递减法是在不考虑固定资产残值的情况下，根据每一期期初固定资产账面净值和双倍直线法折旧额计算固定资产折旧的一种方法。计算公式如下：

$$年折旧率 = \frac{2}{预计的折旧年限} \times 100\%$$

$$月折旧率 = \frac{年折旧率}{12}$$

$$月折旧率 = 固定资产账面净值 \times 月折旧率$$

这种方法没有考虑固定资产的残值收入，因此不能使固定资产的账面折余价值降低到它的预计残值收入以下，即实行双倍余额递减法计提折旧的固定资产，应当在其固定资产折旧年限到期的最后两年，将固定资产净值扣除预计净残值后的余额平均摊销。

（2）年数总和法

年数总和法也称为合计年限法，是用固定资产的原值减去净残值后的净额，乘以一个逐年递减的分数来计算每年的折旧额，这个分数的分子代表固定资产尚可使用的年数，分母代表使用年数的逐年数字总和。计算公式为：

$$年折旧率 = \frac{尚可使用年限}{预计使用年限折数总和}$$

$$年折旧率 = \frac{预计使用年限 - 已使用年限}{\dfrac{预计使用年限 \times （预计使用年限 +1）}{2}} \times 100\%$$

$$月折旧率 = \frac{年折旧率}{12}$$

$$月折旧率 = （固定资产原值 - 预计净残值）\times 月折旧率$$

第三节　流动资产管理

一、流动资产的含义与特点

行政单位的流动资产是指可以在 一年内变现或者耗用的资产，包括现金、银行存款、零余额账户用款额度、应收及暂付款项、存货等。

事业单位的流动资产包括货币资金、短期投资、应收及预付款项、存货等。

流动资产与固定资产是相对的概念。流动资产的主要特点如下：

（一）流动资产不断改变占用形态

行政事业单位的流动资产在使用过程中经常从一种形态转变成另一形态。行政事业单位取得的资金，一般都以现金的形式存在。为了保证行政事业单位业务活动的正常进行，行政事业单位必须用现金购买相关的办公用品等，这时货币形态的流动资产就转变为实物形态的流动资产。

（二）流动资产周转时间较短

流动资产在行政事业单位开展各项业务活动中不断被使用或者消耗，占用在流动资产上的资金，周转一次所需时间较短。各项流动资产保持其原有形态的时间是短暂的，通常是在一年以内，具有流动性强、安全性大的特点。

（三）流动资产价值一次性消耗或转移

流动资产的单位价值较低、使用期限较短，决定了其价值一次性消耗或转移。

二、现金管理

现金是指行政事业单位的库存现金，主要是用于单位的日常零星开支。现金是流动资产中流动性最强的一种资产，行政事业单位必须严格遵守国家关于现金管理的有关规定，加强和健全现金管理制度，确保现金安全。

（一）现金使用范围的管理

按照国家现金管理制度规定，行政事业单位可以在下列范围使用现金：① 职工工资、津贴；② 个人劳务报酬；③ 根据国家规定颁发给个人的科学技术、文化、艺术、体育等各种奖金；④ 各种劳保、福利费用以及国家规定的对个人的其他支出；⑤ 向个人收购农副产品和其他物资的价款；⑥ 出差人员必须随身携带的差旅费；⑦ 结算起点以下的零星开支；⑧ 中国人民银行确定需要支付现金的其他开支。

（二）库存现金限额的管理

库存现金限额是指国家规定由开户银行给各单位核定一个保留现金的最高额度。核定单位库存现金限额的原则是，既要保证日常零星现金支付的合理需要，又要尽量减少现金的使用。开户单位由于经济业务发展需要增加或减少库存现金限额的，应按必要手续向开户银行提出申请。

凡在银行开户的独立核算单位都要核定库存现金限额；独立核算的附属单位，虽然没有在银行开户，但需要保留现金，也要核定库存现金限额，其限额可包括在其上级单位库存限额内。

库存现金限额的计算方式一般是：

$$库存现金 = 前一个月的平均每天支付的数额（不含每月平均工资数额）× 限定天数$$

库存现金限额的核定管理是为了保证现金的安全，规范现金管理，同时保证开户单位现金的正常使用。按照《现金管理暂行条例》及实施细则规定，库存现金限额由开户银行和开户单位根据具体情况商定，凡在银行开户的单位，银行应根据实际需要核定 3 ～ 5 天的日常零星开支数额作为该单位的库存现金限额。

库存现金限额每年核定一次，经核定的库存现金限额，开户单位必须严格遵守。其核定具体程序如下：

开户单位与开户银行协商核定库存现金限额。具体公式为：

$$库存现金限额 = 每日零星支出额 × 核定天数每日零星支出额$$

$$= 月（或季）平均现金支出额（不包括定期性的大额现金支出和不定期的大额现金支出）/ 月（或季）平均天数$$

开户单位填制"库存现金限额申请批准书"。

开户单位将申请批准书报送单位主管部门，经主管部门签署意见，再报开户银行审查批准，将开户银行批准的限额数作为库存现金限额。

库存现金限额经银行核定批准后，开户单位应严格遵守，每日现金的结存数不得超过核定的限额。如库存现金不足限额时，可向银行提取现金，不得在未经开户银行准许的情况下坐支现金。库存现金限额一般每年核定一次，单位因生产和业务发展、变化需要增加或减少库存限额时，可向开户银行提出申请，经批准后，方可进行调整，单位不得擅自超出核定限额增加库存现金。

（三）现金的日常管理要求

各单位实行收支两条线，不准"坐支"现金。所谓"坐支"现金，是指行政事业单位和机关、团体、部队从本单位的现金收入中直接支出现金。各单位现金收入应于当日送存银行，如当日确有困难，由开户单位确定送存时间。如遇特殊情况需要坐支现金，应在现金日记账上如实反映坐支情况，并同时报告开户银行，以便银行对坐支金额进行监督和管理。

企业送存现金和提取现金，必须注明送存现金的来源和支取的用途，且不得私设"小金库"。

根据《现金管理暂行条例》及其实施细则，开户单位必须建立健全现金账目，逐笔记载现金收付，账目要日清月结，做到账款相符，即：① 不准用不符合财务制度的凭证顶替库存现金；② 不准单位之间互相借用现金；③ 不准谎报用途套取现金；④ 不准利用银行账户代其他单位和个人存入或支取现金；⑤ 不准将单位收入的现金以个人名义存作储蓄；⑥ 不准保留账外公款（小金库）；⑦禁止发生变相货币，不准以任何票券代替人民币在市场上流通。

（四）建立健全现金管理制度

1. 钱账分管制度

钱账分管即管钱的不管账，管账的不管钱。配备专职出纳员，负责办理现金收、付和保管业务，非出纳人员不得经管现金收、付和保管业务。

严格遵守《现金管理暂行条例》及其实施细则的规定。

2. 现金必须及时交库

各业务部门收入的现金，应于当天送交财务部门，不得挪用、挤占和将公款私存银行。

3. 坚持日清日结

出纳员办理现金出纳业务，必须做到按日清理、按日结账，结出库存现金账面余额，并与库存现金实地盘点数核对相符。

4. 坚持现金盘点制度

出纳自身盘点，应由领导以及有关业务人员定期抽查盘点，重点检查账款是否相符，有无白条抵库、有无私借公款、有无挪用公款、有无账外资金等违纪行为。

5. 规定库存现金限额

实际库存现金超过库存限额时，出纳员应将超过部分及时送存银行；实际库存现金低于库存限额，应及时补提现金。

三、银行存款管理

银行存款是指行政事业单位存放在银行或者非银行金融机构的货币资金。加强银行存款管理，必须按如下要求进行：

各类货币资金应根据资金性质或业务需要，开设银行账户进行结算。财务部门应设置银行存款分户账，逐日记录收、支、结存情况，每月与银行对账单核对，编制未达账款调节表，保持账账相符。

财务部门收到各业务部门的各种银行收入的结算票据，填写进账单并及时送存银行，在银行确认收妥后，有关经办的业务部门方可办理业务结算手续。在款未收妥之前，不可办理钱物交易的结算手续。

各类银行存款的支票预留印鉴和密码，由财务负责人和出纳人员分别掌握，不得向其他部门或个人借用、泄露。如因借用、泄密造成的经济损失应由财务部查明原因，追究借用者、泄密者的赔偿责任。

使用现金支票，无论是对外支付款项还是补充库存，均由财务负责人或其指定人签发。

使用转账支票，应由经办部门或经办人员持填写借据和结算凭证（包括购货发票、账单、收据等），经财务负责人和总经理（总裁）签字同意后，由出纳开出转账支票。凡不能预先取得结算凭证，需要借用空白支票的，需填写借据，经财务负责人和总经理（总裁）签字同意后，由经办人员在出纳员处办理借（领）用款手续，并在支票有关栏目填写签发日期、用途和限额，方可借出。借出的转账支票如发生丢失现象，经办人员应及时向财务部门报告，并向银行办理挂失手续。支票丢失造成的经济损失，应由丢失人赔偿，特殊情况可由财务部门根据具体情况提出处理意见，经总经理或上级批准后处理。

需采用银行汇票、商业汇票、银行本票、汇兑、委托收款、信用证、托收承付等结算形式办理收、付款项的，同领用转账支票程序。

业务经办人员借领的空白支票和财务部门办理的各种汇票，经办人员必须在规定期限内办理有关入库审批和报销手续，月终前必须将支票存根和未使用的支票交回财务部门。未按规定及时清理者，财务部门有权拒绝对其办理支票再借领手续。

严格执行银行结算规定。任何人不得出租或出借银行存款账户；不准签发空头支票和远期支票；不得弄虚作假，套取现金和银行信用卡。否则，由此造成的罚款等损失由责任人赔偿。

四、应收及预付款项管理

应收及预付款项是指行政事业单位在开展业务活动中形成的各项债权，包括财政应返还额度、应收票据、应收账款、其他应收款等应收款项和预付账款。

（一）应收票据

应收票据是指单位持有的、尚未到期兑现的商业票据。商业票据是有一定付款日期、付款地点、付款金额和付款人的无条件支付的流通证券。

商业票据可以按不同的标准进行分类：① 按能否立即兑付，分为即期票据和远期票据。即期票据见票即付，远期票据则须到指定的付款日期才能兑付。② 按是否附息，分为附息票据和无息票据。附息票据到期时除需支付票据面额外，还需按票面规定的利率支付利息，无息票据到期时只需支付票据面额。

（二）应收账款

应收账款是指单位因销售商品、提供劳务等经营活动，应向购货单位或接受劳务单位收取的款项，主要包括销售商品或提供劳务等应向有关债务人收取的价款及代购货单位垫付的包装费、运杂费等。

（三）其他应收款

其他应收款是应收款项的另一重要组成部分，是指除应收票据、应收账款和预付账款之外的各种应收、暂付款项。

（四）预付账款

预付账款是因购货和接受劳务，按照合同规定预付给供应单位的款项，主要是预付货款。行政事业单位必须重视和加强应收款项和预付款项的管理，建立良好的应收及预付款项的内部控制制度，主要应注意以下几个问题：

1. 职责分工制度

各级人员都应有严密的办事手续制度。例如，记账人员、开具销货发票人员不应兼任出纳员；票据保管人员不得经办会计记录。

2. 严格的审批制度

例如，各种赊销预付，接受顾客票据或票据的贴现换新，都应按规定的程序批准。

3. 健全的凭证保管、记录和审核制度

客户的借款凭证必须妥善审查保管，做好明细记录并及时登记入账，凭证的收入和支出必须经过审查。

4. 及时的货款对账、清算和催收制度

对应收及预付账款应及时进行排队分析，针对逾期账款采取不同措施，努力促使账款及时、足额清算和回收。对经办人员建立责任制度，加强各项账款的催收工作。

5. 严格的审查和管理制度

对预付账款的协议、合同应严格审查，对销货退回和折让、票据贴现和坏账转销应加强审核和管理。

（五）财政应返还额度

财政应返还额度是指实行国库存集中支付的行政事业单位，年终应收财政下年度返还的资金额度。核算财政国库管理制度改革单位年终结余资金的账务处理，具体应以主管财政机关的核定结果为依据，可采用"财政直接支付""财政授权支付"的方式核算。

实行财政直接支付，年终结余资金账务处理时，借方登记单位本年度财政直接支付预算指标数与财政直接支付实际支出数的差额，贷方登记下年度实际支出的冲减数。

实行财政授权支付，年终结余资金账务处理时，借方登记单位零余额账户注销额度数，贷方登记下年度恢复额度数。

五、存货管理

存货是指行政事业单位在开展业务活动及其他活动中为耗用而储存的资产，包括材料、燃料、包装物和低值易耗品等。

（一）事业单位存货管理

存货是国际上通用的一个名称，也是我国企业财务制度使用的一个概念。存货是流动资产的重要组成部分。现实中存货的价值往往要占事业单位流动资产价值相当大的比重，加强对存货的管理是事业单位财务管理的重要内容之一。

1. 理顺关系，建立科学的管理体制

目前，大部分事业单位对存货管理普遍实行的是分类归口管理模式，这一模式有优点，也有弊端。对存货管理，应实行"统一领导、统一计划、统一采购"的制度，成立以主管领导为首，各分管领导及职能部门、财务部门、监督部门共同参与的存货管理机构，负责存货统一管理的监督检查执行情况。在管理机构的统一领导及管理下，由财务部门、职能部门、保管人、使用部门、使用人等分工负责，形成既有分工负责又有统一管理的管理体系。

2. 事业单位要建立健全存货的管理制度

从购买、验收、入库、保管、领用到转让、对外投资、盘点，都要有严格的审批制度。对一些价值较高的存货，要有专人负责并建立岗位责任制。对存货的转让、对外投资、盘点，要按照有关规定严格把关，确保存货的安全、完整。同时，还要提升存货的使用效益，科学确定存货的库存量，避免闲置、重复采购和浪费的现象。

3. 加强事业单位存货的财务核算及管理

单位的财务部门对存货的采购、入库、领用等情况，要及时进行核算、入账；对对外投资、转让要严格把关，根据真实的情况登记入账；对盘盈盘亏的存货要查明原因，及时处理；对事业性与经营性存货要分别核算。另外，在财务制度和会计制度中应明确规定存货的计价方法，包括存货增加的计价法及存货减少的计价方法，确保核算口径一致。

4. 建立定额管理制度

为使事业单位的存货保持在一个合理的水平，事业单位应实行存货的定额管理，建立存货的储备定额，减少单位存货的库存费用。

材料储备资金定额 ＝ 材料每日平均耗用量 × 计划单价 × 储备日数

$$材料平均每日耗用量 ＝ \frac{计划期材料耗用总量}{计划期日数}$$

储备日数 ＝ 供应间隔日数 × 系数 ＋ 在途日数 ＋ 整理准备日数 ＋ 保险日数

（二）行政单位存货管理

由于行政单位和事业单位的业务性质及特点不同，所以其存货的核算及管理内容也有不同之处。行政单位的库存材料是指大宗购入仓库、并陆续消耗的行政用材料，如备用的修理用材料、取暖材料和大宗办公用品等。购入数量不大或随买随用的办公用品可按购入数量直接列支，不做库存材料核算。

行政单位库存材料核算方式既要符合预算管理的需要，又要加强对材料物资的购买、领用和结存的核算，同时使行政单位各项业务的会计核算原则趋于一致。此外，还应加强日常对材料物资的管理：① 应根据单位购用的材料品名、规格建立明细账，对库存材料的入库、出库确定一种合理的计价方法，统一核算。② 应定期对材料进行实地盘点，对领用、借用的材料，要及时出账和清收，做到账实相符。③ 对已经报废的材料，应及时向单位领导汇报，并报有关部门审批，及时进行核销。

第四节　无形资产管理

一、无形资产的含义与特征

行政单位无形资产是指虽不具有实物形态但能为使用者提供某种权利的资产，包括著作权、土地使用权等。

事业单位无形资产是指单位持有的没有实物形态的可辨认非货币性资产，包括专利权、商标权、著作权、土地使用权、非专利技术等。

无形资产在使用和形成过程中，具有不同于有形资产的特征，具体如下：

（一）非实体性

一方面，无形资产没有人们感官可感触的物质形态，人们只能从观念上去感觉它。它要么表现为人们心目中的一种形象，要么以特许权形式表现为社会关系范畴；另一方面，它在使用过程中没有有形损耗，报废时也无残值。

（二）垄断性

无形资产的垄断性表现在以下几个方面：有些无形资产在法律制度的保护下，禁止非持有人无偿取得；排斥他人的非法竞争，如专利权、商标权等；有些无形资产的独占权虽不受法律保护，但只要能确保秘密不泄露于外界，实际上也能独占，如专有技术、秘诀等；还有些无形资产不能与单位整体分离，除非整个单位产权转让，否则别人无法获得，如商业信誉。

（三）不确定性

无形资产的有效期受技术进步和市场变化的影响，很难确定。

（四）共享性

共享性是指无形资产有偿转让后，可由几个主体同时共有，而固定资产和流动资产不可以同时在两个或两个以上的单位中使用。例如，商标权，受让企业可以使用，出让企业也可以使用。

（五）高效性

无形资产能给行政事业单位带来远远高于其成本的经济效益。一个单位的无形资产越丰富，其获利能力越强；反之，无形资产短缺，获利能力就弱，市场竞争力也就弱。

二、无形资产的内容

（一）专利权

根据《中华人民共和国专利法》的规定，专利分为发明、实用新型、外观设计三种类型。自申请日起计算，发明专利权的期限为二十年，实用新型专利权的期限为十年，外观设计专利权的期限为十五年。专利权人在取得专利权后，在有效期限内享有专利的独占权。

（二）非专利技术

非专利技术没有法律上的有效年限，只有经济上的有效年限。

（三）商标权

商标是用来辨认特定商品和劳务的标记，代表着企业的一种信誉，从而具有相应的经济价值。根据《中华人民共和国商标法》的规定，注册商标的有效期限为十年，自核准注册之日起计算，期满可依法延长。

（四）著作权

著作权又称版权，指作者对其创作的文学、科学和艺术作品依法享有的某些特殊权利。著作权包括两方面的权利，即精神权利（人身权利）和经济权利（财产权利）。前者指作品署名、发表作品、确认作者身份、保护作品的完整性、修改已经发表的作品等权利，包括发表权、署名权、修改权和保护作品完整权；后者指以出版、表演、广播、展览、录制唱片、摄制影片等方式使用作品，以及因授权他人使用作品而获得经济利益的权利，包括复制权、发行权、表演权、展览权、出租权等。

（五）土地使用权

土地使用权是单位按照法律规定所取得的在一定时期内对国有土地进行开发、利用和经营的权利。

（六）商誉

商誉是指能在未来为企业经营带来超额利润的潜在经济价值，或一家企业预期的获利能力超过可辨认资产正常的获利能力（如社会平均投资回报率）的资本化价值。商誉是单位整体价值的组成部分。

（七）特许权

特许权又称特许经营权、专营权，是指企业在某一地区经营或销售某种特定商品的权利，或一家企业接受另一家企业使用其商标、商号、秘密技术等权利。

三、无形资产管理的内容

无形资产管理的内容广泛而又丰富，从无形资产要素的角度讲，无形资产管理包括厂商名称管理、专利权管理、商标权管理、技术（经营）秘密管理、域名管理等；从无形资产形成的角度讲，无形资产管理包括无形资产开发设计阶段管理、申请权益阶段管理、权益维护管理、应用管理等。

行政事业单位实施无形资产管理应从以下三个方面入手：

（一）设置无形资产管理部门，配备专门的无形资产管理人员

一般来讲，行政事业单位应设置专门的无形资产管理部门，配备专门的无形资产管理人员对单位的无形资产进行综合、全面、系统的管理。无形资产管理部门的主要职能包括：对所有无形资产的开发、引进、投资进行总的控制；就无形资产在生产经营管理中实施应用的客观要求，协调单位内部其他各有关职能部门的关系；协调与单位外部国家有关专业管理机构的关系；协调本单位与其他单位的关系；维护单位无形资产资源安全完整；考核无形资产的投入产出状况和经济效益情况。

（二）设计专门的无形资产管理制度

设计专门的无形资产管理制度，包括无形资产开发方面的管理制度和无形资产权益（权益取得、维护、保护）方面的管理制度，无形资产对外许可、转让、合作管理制度，无形资产档案管理制度，无形资产奖惩管理制度，无形资产投入产出考核制度，无形资产融资管理制度，无形资产评估管理制度，无形资产监控制度，无形资产审计管理制度，无形资产国际权益管理制度，无形资产投资管理制度等。它涉及技术开发管理、市场营销、工商管理、财务管理（含会计核算）、对外经济技术合作、情报信息管理、质量管理等若干领域。

（三）使用专门的无形资产管理工具

行政事业单位可以采用现代无形资产信息系统，将无形资产的管理、监控与经营业绩的考核结合起来，为各单位无形资产管理提供一个科学的模式。

第七章　行政事业单位财务分析

第一节　财务分析的任务和依据

一、财务分析的概念

行政事业单位的财务管理，从编制单位预算开始，到预算执行终了，是一个连续不断的过程。在这一过程中，编制预算、会计核算、资金管理、财产物资管理等各个环节，将整个单位的财务管理工作一环一环地紧扣起来。但这些环节中的各项工作不能完全说明单位财务管理的好坏、管理方法和措施是否得当，也不能说明单位财务管理中存在的问题和积累的经验，更不能直接说明单位完成或者未完成任务的原因。上述情况，只有通过财务分析才能说明。因此，财务分析是行政事业单位财务管理的深入和继续，它同其他管理业务，如会计核算、统计业务、收支管理、资金管理、财产物资管理等，共同构成一套比较全面系统、相互联系的财务管理体系，成为单位财务管理的一项重要工作，是财务管理不可分割的重要内容。

财务分析，就是依据党和国家的路线、方针、政策，借助单位会计核算、业务管理，以计划、统计等方面的资料，对单位资金收支状况、计划执行情况，以及整个财务活动的过程和结果进行全面、系统的比较、剖析和研究。它是社会主义经济管理的重要手段和科学方法之一。

财务分析，以财务核算提供的客观、准确、完整的经济资料为基础，对行政事业单位的财务活动进行科学分析，对促进行政事业单位加强财务管理，提高经济效益，具有十分重要的意义。这是因为财务管理工作，除其他科学技术方面的作用外，在很大程度上还依赖于人们对客观经济规律的掌握和应用，也就是必须发挥人的主观能动性。通过财务分析，及时发现财务管理和各项工作中存在的问题，查明产生问题的原因，不断总结工作中的经验教训，充分认识和掌握客观经济规律和事业发展规律，调动广大职工的工作热情和理财积极性，挖掘单位各方面潜力，既可以改进财务管理工作，正确实现单位预算，又可以推动其他工作，促进行政任务和工作计划的圆满完成。

行政事业单位的财务分析，主要从各种标准、制度、事业计划、财务指标以及实际数字入手，在它们之间的相互联系中，进行系统的分析对比，正确评价单位的财务活动，并据以揭矛盾、找差距、指方向、提措施、挖潜力、讲效果，为单位有效地进行财务管理和开展业务提供可以借鉴的资料，促使单位的财务活动沿着经济计划管理的轨道进行。如果对单位财务活动只进行核算，不进行分析，则会知其然，而不知其所以然，即不明确财务中存在的问题，不清楚存在的差距和漏洞，必然会削弱核算的作用，单位就无法以最小的资金消耗，取得最大的事业成果，也不可能正确贯彻经济上的奖惩制，把经济利益和责任紧密结合起来。这样，就必然会挫伤群众的积极性，也难以发挥会计核算和财务管理的积极作用，不能正确地实现单位预算。因此，认真做好财务分析工作，严密地解剖过去，科学地预测未来，有效地控制单位的资金运动，使之适应经济规律的客观要求，才能极大地提高行政事业单位的财务管理水平。

二、财务分析的任务

财务分析是管理社会主义经济的重要方法之一，是加强财务管理的一个重要环节，也是按客观规律办事、正确实现单位预算、完成行政任务和事业计划必不可少的手段。它的主要任务如下：

（一）分析单位贯彻执行党和国家的路线、方针、政策，以及重大政治、经济措施的情况，促使单位更好地执行政策

党和国家的路线、方针、政策是单位各项工作的根本依据，离开了党和国家的路线、方针、政策的指导，单位各项工作就会偏离社会主义方向和计划轨道，甚至损害国家和人民的利益。单位财务收支是实现党和国家的路线、方针、政策的财力保证。国家的方针、政策和重大措施的贯彻执行与财务收支有密切联系，对财务收支有直接影响。因此，必须借助财务分析，对单位的财务活动进行"由此及彼，由表及里"的分析和研究，透过财务活动的现象，深入地检查党的路线、方针、政策和重大经济措施在单位的贯彻执行情况。如当前，单位是否贯彻了调整后的方针，是否搞了计划外基本建设，是否保证了科研、教育等急需的资金和支出重点等，都可以通过财务分析反映出来。因此，在进行财务分析时，必须善于透过经济现象，检查单位对党和国家的方针、政策的执行情况，揭露违反国家政策的行为，保证国家政策的贯彻和重大经济措施的实施。

（二）结合行政任务、事业计划，分析预算的执行情况，促进单位正确实现国家预算，促进事业发展

每个行政事业单位都要编制单位预算或财务收支计划，它对保证行政任务和事业计划的完成是非常重要的。但编制科学的计划只是计划管理的开始，计划不会自动实现，在执行过程中总会遇到这样或那样的问题。在这个过程中，不仅要从日常的会计核算、业务管理等方面来保证计划的实现，还必须通过财务活动的分析来考核计划的实施效果，分析计划的完成程度，研究影响计划完成的主客观因素，找出计划与实际情况的偏差；发现脱离计划甚至破坏计划的问题，从而采取有效的措施，保证单位预算的正确实现。

行政事业单位预算，是根据单位所承担的事业计划、行政任务、组织机构设置、人员配备、财产物资配置以及规定的收支定额确定的，行政事业预算收支同行政任务、事业计划的完成有密切的联系。因此，财务分析过程应当同单位的计划、任务、定员定额等联系起来，具体分析、研究其相互关系，研究预算收支对行政任务、事业计划的保证情况，行政任务、事业计划完成情况对预

算收支的影响，行政事业单位预算执行的检查分析只有深入行政任务、事业计划，才能说明预算收支执行上的问题，才能掌握预算收支的发展趋势。在收入方面，主要应结合定员定额分析各项收入的执行数，同有关行政任务、事业计划或事业成果等完成数是否相适应，如不相适应则需要分析原因，以及其对收支的影响。在支出方面，主要应结合定员定额分析各项支出完成进度，同有关行政任务、事业计划等完成进度是否相适应，如不相适应则需要分析原因，如是否贯彻了节约原则，是否充分挖掘了内部潜力等。

（三）分析财务制度、财经纪律的执行情况以及各项财务管理情况，认识和掌握财务活动规律，促进管理水平不断提高

国家的各项财经纪律和财务制度是行政事业单位财务活动的具体法规和准则，单位必须严格遵守。进行财务分析，就要分析单位是否严格执行了各项财经纪律和财务制度，如现金管理制度、结算纪律、各种收费标准、费用开支标准和范围、专用基金使用规定、收入和利润上缴制度等，制止、打击一切违反和破坏财经纪律的行为。

行政事业单位的财务管理是整个单位管理的重要组成部分，财务分析又是财务管理的重要内容。由于财务分析的对象是财务管理的各个部分和整个过程，因此财务分析与其他各项管理相比，有其特殊的作用。其他各项管理内容为财务分析提供了依据和素材，财务分析依据各项业务管理提供的资料数据，进行综合、分析、比较，可以对各项业务管理进行全面、真实的评价，找出存在的问题，对相关工作加以改进，总结经验并加以推广。通过分析，还可以研究单位的事、人、钱、物之间的相互关系，从中发现其内在联系和各自的发展变化规律，认识和掌握事业活动规律和财务活动规律，自觉按照这些规律的要求指导管理工作，从而促进管理、加强管理，更好地组织收入，节约支出，以最小的资金消耗，取得最大的事业成果。

（四）为国家各级经济管理机构提供各种经济情报和信息

认真做好行政事业单位的财务分析，对单位来说是必要的，对单位的主管机关、国家计划机关、社会审计机关及财政和银行部门来说，也是非常必要的。原因在于，如果单位的主管机关、国家计划机关对单位的经济活动，不调

查、不研究、不分析，只从单位的报表上进行一般性的了解，就无法具体认识和掌握单位经济活动的特点和规律，也就无法对单位的经济工作进行具体的、正确的领导。财政部门是国民经济的综合部门，财政部门同各行政事业单位有直接的收支和存贷款关系，财政部门如果没有掌握行政事业单位的资金活动情况，就不能发挥其监督作用。审计机关是国家管理经济的重要机关，它可以对单位的整个经济管理状况、账簿和收支报表进行审核，但单位存在的问题并不是都能从报表账簿上审查出来的，还需要借助具体的财务分析。单位主管部门、国家计划机关、财政、银行部门、审计机构，要想对单位的经济活动进行具体的、正确的领导、指挥、调节、监督，就必须通过财务分析提供可靠的第一手资料，掌握一系列经济活动的实际情况。因此，向国家各级经济管理机构提供各种经济情报和经济信息，成为单位财务分析的一项任务。

三、财务分析的原则

行政事业单位要做好财务分析工作，必须遵循以下几个原则：

（一）坚持辩证唯物主义的原则

辩证唯物主义是人们认识自然规律、经济规律的认识论和方法论。我们进行经济活动分析也必须坚持辩证唯物论的原则，辩证地、科学地看待单位的一切经济活动和工作成绩，善于观察和分析各种事物的矛盾运动。单位的财务活动工作是多方面的，单位经济活动的因素也是多种多样的。各项工作任务和经济指标的完成情况，往往是多种因素综合发挥作用的结果，它们之间相互联系、相互影响，形成盘根错节的关系。每种因素的变化，既包含好的方面、坏的方面，也包含主要的方面、次要的方面。因此，进行财务分析要辩证地看待每一项经济活动的现象和本质，既要看到成绩，又要看到缺点；既要看到经验，又要看到问题；既要看到人的因素，又要看到物的因素；既要看到有利因素，又要看到不利因素；既要看到主观因素，又要看到客观因素；既要看到起决定作用的主要因素，又要看到不起决定作用的次要因素；既要看到本质，又要看到现象，克服思想认识上的片面性。只有从各个角度和不同的方面对某一项经济活动进行全面分析，才能做出正确的评价。我们必须坚持按辩证唯物论和辩证法办事，严格按照客观事物的本来面貌去认识和处理一切经济现象和经济问题。只有这样，才能使经济活动分析的方法真正成为科学的方法，使分析的结果既能正确地说明问题，又能有效地解决问题，以促进行政事业单位财务管理水平的不断提高。

（二）坚持深入实际、调查研究的原则

深入实际调查研究是有效解决问题的基本方法之一。行政事业单位的各项经济活动是复杂的，而且是不断运动的，许多经济问题并不能从数字上、表面现象上体现，只有抓住问题进行深入的调查研究，才能真正揭示事物的根本原因和本来面目。我们所进行的经济活动分析，大多是从数量对比和指标分析方面进行的，即使是从账簿、报表方面进行的，也只能是提供一些依据。数字是进行经济活动分析的主要依据，但不能是唯一的依据。要想真正说明问题、分析问题、解决问题，就要经常深入经济活动的直接过程，深入经济活动的直接承担者——广大职工群众中，进行系统的、周密的调查研究，把数字与情况紧密结合起来，这样才能做出准确的分析。

四、财务分析的依据

行政事业单位的财务分析，必须借助充分、准确、全面的资料进行，否则财务分析就会成为无源之水，无本之木。一般来讲，行政事业单位的财务分析主要依据单位的会计核算资料、业务管理的有关规章制度、计划定额资料、费用开支和收费标准等。具体包括如下几点：

（一）党和国家的各项方针政策以及各项财经纪律和规章制度

党和国家的各项方针政策是行政事业单位业务活动和财务活动的根本依据，各项财经纪律和规章制度是单位办理具体经济事项的规则。财务管理好坏的重要依据，即是否认真严格地执行了党和国家的各项方针政策，以及各项财经纪律和规章制度。因此，党和国家的各项方针政策，以及各项财经纪律和规章制度是财务分析的重要依据。

（二）单位的计划资料

行政事业单位按照国家的有关要求编制的工作计划、事业计划、单位预算或财务收支计划，是其开展业务活动和进行财务活动的重要依据。单位各项工作是否完成，主要看其是否完成了各项计划。没有计划，就没有分析对比的资料。因此，单位的财务分析必须依据各项计划进行。

（三）单位的各项业务管理办法和规定

行政事业单位在组织日常的业务活动和财务管理的过程中，根据有关的政策规定和要求，结合实际情况，制定了一些行之有效的业务管理办法和规章制度。这是单位顺利进行财务管理的根本保证。我们进行财务分析，也要把这些办法和规章制度作为财务分析的依据。这样，才能使单位的分析更加切合实际。

（四）定员定额和各项收支标准

行政事业单位的业务活动和财务活动，绝大部分同定员定额和各项收支标准有直接的关系。比如，单位的经费开支是以定员为根据确定的，单位的收入和开支都有一定的定额和标准。单位各项工作和经济活动、收支计划的执行，都同定员定额、收支标准有直接关系。因此，财务分析必须掌握各项定额标准，这样才能使分析的对象有根有据。

（五）单位的会计核算资料

会计核算是进行财务活动的重要资料，单位会计从量的角度，对整个单位的资金收支活动进行全面的、连续的、系统的记录和反映，并通过记账、报账、查账等一系列核算和管理工作，正确、及时地反映单位的资金来源、资金运用和资金结存情况，使其成为财务分析最直接、最准确的原始数据资料。

（六）其他资料

其他资料包括单位的历史资料、有关文件和会议记录、单位的先进经验资料和管理办法等，这些都是进行财务分析必不可少的重要资料。

运用上述资料进行财务分析，不能生搬硬套，更不能搞资料堆砌。对资料的运用，要科学、准确、全面。对一些综合性的经济事项，要从各种资料中找出关键的、主要的、最能说明问题的部分，从而使分析活动能抓住要害、揭示实质、深入透彻。

第二节　财务分析的内容和形式

一、财务分析的内容

行政事业单位财务分析的对象，是单位财务活动的各个环节及其过程，具体内容包括以下几个方面：

（一）单位预算执行情况的分析

单位预算能否顺利和正确实现，取决于这样几个因素：第一，工作任务和事业计划完成的好坏；第二，各项财务管理工作落实的好坏；第三，各项方针政策贯彻执行的好坏。因此，单位预算执行情况的分析，也应当围绕这三个方面进行。

1.分析研究工作任务和事业计划变动对预算执行情况的影响程度

由于单位预算同单位的工作任务、事业计划有密切的联系，所以事业计划、工作任务的变化，必然引起单位预算的变动，这种变动究竟在多大程度上影响预算执行，只有根据工作任务增减变动、工作重心变化情况、事业计划的各项指标，以及其他业务指标的增减变化情况，进行深入的研究分析，才能分清预算执行得好坏的主客观原因，发现预算设计中的问题，使单位预算更充分地发挥财力保证作用。

2.分析研究各项方针政策和重大措施对预算执行情况的影响程度

国家的各项方针政策和各项规章制度与单位预算执行情况有密切的联系，方针政策的变化，必然会引起单位预算某些方面的变动。比如，经济调整、调整物价，以及在增收节支方面采取的重大措施等，都在一定程度上影响单位预算的执行。各项方针政策影响程度如何，则应通过具体分析各项政策对本单位的实际影响的情况得出结论。

3.分析各项财务管理工作好坏对预算执行情况的影响程度

财务管理是预算执行的基本条件之一，科学、合理、有效的管理，对预算执行有积极的影响。对这方面进行分析，就是要分析在财务管理方面所采取的措施、办法，哪些是合理的、科学的，哪些是不合理的、不科学的；哪些部分是合理但又不够完善的，采取这些措施和办法对单位预算执行产生了什么样的作用，取得了多大的经济效果。分析财务管理各个环节的问题以及问题的大小，找出薄弱环节，以及时加强管理。

只有将上述三方面的分析综合起来，才能全面、真实地反映单位预算的执行情况。

（二）对预算支出项目的分析

行政事业单位的性质不同，单位预算的内容也不一致，因而分析的重点也就不同。实行全额预算管理的行政事业单位，其预算的主要内容是支出预算；实行差额预算管理的行政事业单位，其预算既有收入，也有支出；实行企业化管理的事业单位，其收支项目同实行差额预算管理单位的收支项目也不同。因此，具体到某单位，分析的内容也不同。下面对全额预算管理单位、差额预算管理单位和企业化管理单位支出项目的分析分别加以说明。

1.对实行全额、差额预算管理的行政事业单位支出项目的分析

对人员经费的分析：分析是否有违反国家政策规定和工资标准，擅自提高工资和提高各种补助标准，扩大福利的情况；是否有不按规定增设机构，增加人员编制，而增加工资的情况。如果有，增加了多少，影响到什么程度。

对公用经费的分析：分析是否超过修缮标准搞基本建设，购置的设备是否

有属于社会集团购买力控制范围的商品，如果有，其批准手续是否完备；分析业务费开支项目，是否超过了本单位的业务范围；分析公务费是否按照有关定额进行开支；分析是否存在用公款请客送礼、滥发奖金、贪污盗窃、浪费国家资财等违反财经纪律的现象；分析各项经费支出是否按规定用途使用，是否贯彻了勤俭节约的原则，有无预算外转入预算内的情况。

2. 对实行企业化管理单位支出项目的分析

实行企业化管理的单位，一般都实行经济核算，其支出的内容比较复杂，但最主要的是成本支出，包括原材料、燃料动力、工资、废品损失、车间经费、企业管理费等方面的费用。要分析这些开支是否符合国家规定的成本开支项目和范围，是否执行了成本核算的规定，成本是否真实，有无乱列营业外支出和任意摊提费用等情况。

（三）对预算（财务收支计划）中收入项目的分析

在实行差额预算管理的行政事业单位中，对收入项目的分析，主要看各项收入的取得是否符合国家规定的收费标准。如医院的医药费、门诊收费、剧团的门票价格等，有无擅自提高和扩大收费标准、范围的情况。各项收入，应该上缴的是否及时、足额地上缴，有无截留、挪用、坐支等情况，有无把预算内转入预算外的情况。

对于实行企业化管理的行政事业单位，对其收入的分析主要包括销售收入、利润、税金等，有无截留、挪用、拖欠应上缴国家的利润、税金等情况；销售收入是否同单位产品质量、产量、价格等因素相吻合；是否完成了国家下达的生产任务、利润、税收计划等。

（四）对财产物资管理和使用的分析

主要分析财产物资占用是否合理，是否充分利用财产物资，有无积压浪费现象，财产物资上的采购、验收、入库、保管、领用、报损、报废、调拨、变卖等制度是否健全，手续是否完备，库存材料的占用是否正常和合理。

（五）资金活动情况的分析

主要分析资金来源渠道是否符合国家规定，有无任意赊销预付，长期不还欠款，或挪用其他款项的情况；分析资金的使用，是否符合计划规定的用途和项目，有无不按规定乱拉资金的情况；分析资金结余，是完成任务后的结余，还是没有完成任务的结余，结余是否真实，结余处理是否符合有关规定；分析资金往来，是否坚持了钱货两清的原则，有无长期拖欠、占用或呆账等情况，往来款项的结算，是否符合结算纪律，有无借助往来账户转移资金等情况；分析现金管理，是否符合国家现金管理办法，有无以白条领现金、私设小钱柜，有无不符合现金使用范围的情况，超过限额的现金是否存入银行等情况。

（六）预算外资金管理的分析

预算外资金管理是行政事业单位财务管理的一个重要方面。预算外资金管理的好坏，关系到能否调动单位成员工作的积极性，以及能否真正发挥预算资金的补充作用。因此，对行政事业单位预算外资金的管理、收支情况，也要进行分析，看是否划清了预算内和预算外资金的界线；预算外资金的项目、收存标准、开支范围是否符合有关政策法令；是否坚持了先收后支、量入为出、自求平衡、略有结余的原则；是否按规定编报预算外资金的计划和决算；预算外资金管理的各种制度和手续是否健全；用预算外资金进行基建，是否按规定经过审批，是否把资金存入建设银行，是否坚持了基建程序等。

通过对上述几个方面的内容的分析，除了要发现问题、查明原因外，还要进一步总结各方面的经验，提出行之有效的改进措施，为单位改善管理体制、提高管理水平提供参考。

二、财务分析的形式

搞好财务分析，必须合理运用各种分析形式，从不同的方面和角度，对单位财务活动进行分析。只有这样，才能对单位的财务工作做出全面、正确的评价。经济活动分析一般采用以下几种形式：

（一）按分析内容的范围来划分

按分析内容的范围来划分，可分为全面分析、部分分析和专题分析。

全面分析是从单位财务管理工作的全局出发，把单位的财务管理的整个过程看作一个整体，对其进行综合的研究分析，着重抓住财务管理过程中的普遍性问题和关键性问题进行分析，同时将一些次要的方面同主要的方面结合起来进行联系性分析，以期对整个财务管理工作做出全面的评价。

部分分析是指有关的职能部门对本部门某一方面的管理工作所进行的分析，如会计部门分析会计核算方面的问题，生产部门（某些事业单位管生产的科室）分析单位的生产情况等。对各部分分析的结论进行综合，达到全面分析的目的。

专题分析是对单位财务管理过程中出现的某个问题所进行的专门分析，它带有调查研究性质，一般没有时间限制。什么时候有问题、认为有必要，就什么时候进行。这种形式比较灵活，针对性强，能够及时解决问题。

（二）按分析的时间划分

按财务分析的时间划分，可分为定期分析、不定期分析、事前分析、事后分析。

定期分析是指在规定的时间内对单位财务活动的情况进行分析。例如，按会计年度、季度或月度进行分析，或者按工作任务和事业计划的进展情况进行定期分析。它一般同全面分析形式结合起来运用。

事前分析是指在编制单位预算和财务收支计划的时候，对各项指标进行及早的预测分析，或者在财务活动开始之前，对管理过程中可能出现的问题和各种有利因素、不利因素进行预测分析，以便针对可能出现的问题采取必要的措施。事前分析可以使计划更科学、更可靠、更实际，对防止工作失误、避免经济损失、保证计划完成具有重要意义。

事后分析是指在某一阶段过去以后，对前期的各种情况进行的分析。这种分析旨在总结财务管理经验，发现问题，查明问题的根源，寻求改进的途径，提出改进的措施。事后分析是开展财务分析的常用办法，它同全面分析相结合，反映某一时期和某一项财务管理活动的基本情况。

（三）按分析的人员划分

按财务分析的人员划分，可分为专业人员分析和群众分析。

专业人员分析是指各职能部门的专业人员对本部门所管辖的财务管理事项进行的分析。专业人员进行分析的有利条件，在于分析人员是专门从事这方面工作的人员，对总的情况比较了解，业务比较熟悉，但同时他们不可能对某一事项的具体情况了解得十分透彻。所以，这种分析方式有时会出现所分析问题的结论和原因不够准确和全面的情况。

群众分析是指由专业人员和职工群众共同参与的分析。职工群众是工作任务、生产活动的直接承担者，他们对本单位的具体工作十分了解，对产生问题的原因也最清楚。群众可以了解到书面、表面看不到、听不见的第一手资料。因此，财务分析必须依靠群众，发动群众，无论采取何种形式的分析，都必须坚持群众路线，这样才能真正弄清问题的根源。

（四）按分析的组织划分

按分析的组织划分，可分为单位内分析和系统内分析。

单位内分析是指由单位自己组织，对本单位财务活动进行的分析。这种分析可采用上述各种形式。单位内分析的对象是本单位的实际情况，其局限性也在于此。因此，分析得出的结论不一定具有普遍意义。

系统内分析是指由主管部门负责主持，某一系统组织所属单位对本系统普遍存在的行业性问题进行的分析。它的规模比单位内分析大，所分析财务管理的内容比较重要。这种分析一般带有专题性的、不定期的特点，它一般通过召开分析研究会的形式，研究解决一两个主要问题等。

总之，财务分析的形式要多样化，要根据不同的目的和要求，采取一种或几种形式相结合的办法，因事、因时、因地制宜地进行。各种形式要互相结合、相互补充，从不同的方面、不同的角度，对单位财务管理活动做出全面、正确的评价。

第三节　财务分析的程序和方法

一、财务分析的程序

财务分析不能盲目，而要有目的、有步骤地进行。行政事业单位财务分析的程序，简单地说，就是掌握情况，调查研究，分析对比，做出结论，提出措施，具体包括以下几个步骤：

（一）确定对象，拟出提纲

开展财务分析工作，首要的是确定分析的对象。如果没有对象，就无从分析。分析的对象，应根据分析所要达到的目的确定。如果分析目的是全面总结财务管理工作的经验和存在的问题，就应把财务管理的各个方面作为分析的对象。如果分析目的是解决临时出现的问题，则应把问题作为分析的对象。确定分析对象后，再决定采取何种分析形式。一般情况下，总结全面工作应采取全面分析的形式，解决随时出现的个别问题应采取专题分析的形式等。另外，还要拟定分析提纲，列出要分析的主要问题和需要的资料，以及调查研究的内容和方法。

（二）收集资料，掌握情况

开展财务分析，必须要有系统、全面、准确、真实的材料。因此，收集资料、掌握情况是进行财务分析的重要步骤。一般来讲，这些资料包括：各种核算资料，如会计报表、账簿、凭证；计划资料，如工作计划、事业发展计划、单位预算等；单位决算资料、定员定额资料；各种收费标准、费用开支标准以及财务规章制度；工作记录、会议记录、有关文件和批示等其他资料。资料的收集和掌握，要注意日常的积累，要本着实事求是的原则，整理收集本单位的真实资料。不论是好的，还是坏的；不论是成功的，还是失败的，都要收集。不能只收集好的，不收集坏的。不能凭自己主观的想象去设想和捏造，更不能弄虚作假凑数字。在分析之前，必须对收集的资料和掌握的情况进行加工、整理、筛选，具体查明哪些是真实的，哪些是虚伪的；哪些是表面性的，哪些是实质性的；哪些是有普遍意义的，哪些是有个别意义的；哪些是关键的、主要的，哪些是次要的；并对资料进行科学的分类整理，使之条理化、系统化。这样，才能为分析提供真实、可靠的依据，保证分析结论的正确。

（三）深入实际，调查研究

深入实际，调查研究，是财务分析必不可少的重要环节。没有调查，就没有发言权。确定分析的对象，只是提出了任务，确定了目标，收集到资料亦只是掌握了一些"死"数字。并不能说明事情的来龙去脉，不能做出全面的、正确的、科学的分析。因此，必须掌握"活"情况。这就要求专业人员必须深入实际、深入群众，开展调查研究，广泛发动群众，让群众提供线索。只有深入实际调查研究，才能真正弄清楚存在的问题及其产生的原因，才能得出科学的分析结论，提出有效的改进办法。

（四）对比分析，揭露矛盾，找出差距

对比分析是财务分析的中心环节。它是指运用收集整理的资料，根据调查研究掌握的实际情况，采取科学的分析方法，对分析对象进行具体的对比。这一步工作准备和组织，直接关系到财务分析的质量。因此，必须切实抓好这一环节，以便据此进一步分析造成差距的各种原因。

（五）做出结论，写出报告，提出措施

通过上述四个环节的分析之后，还要做出结论。对各方面分析的结果进行全面的综合和概括，写出书面的分析报告，指出财务管理工作中的成绩，总结成功的经验，找出工作中存在的问题及其原因，实事求是地做出评价，提出推广经验和改进工作的措施，提出处理问题的意见，提供给有关部门和单位领导，作为改进财务管理工作的参考。

二、财务分析的方法

行政事业单位搞好财务分析，必须运用科学的分析方法，保证分析结果的正确性。通常运用的技术方法主要有以下几种：

（一）比较分析法

比较分析法简称比较法，又称对比法。这是分析工作中最常用的一种方法。它利用数量指标，通过两个或两个以上相关联的数量的比较，计算出数量指标之间的差异、变化程度和变化大小，以便找出差距，为深入地分析财务活动和解决问题提供线索。在实际工作中进行经济指标的分析对比，主要有以下几种形式：

1. 实际数与预算数进行对比

实际数与预算（计划）数对比，可以反映本单位的计划完成程度，以及实际数与计划数差异的大小。

2. 本期实际数与过去同期实际数对比

这两个数字的对比，可以反映单位工作任务、事业计划的进展程度和发展变化情况，考核单位发展趋势或发展速度，有助于单位总结吸取历史经验和教训，改进今后的工作。

3. 本单位与同类单位的对比

在同类型单位之间对相同指标进行比较，可以发现先进与后进的差距，学习先进单位的经验，鞭策本单位向先进单位学习，对单位财务管理起推动和促进作用。

采取比较法进行分析，必须注意指标之间的可比性，即指标的内容、计价、时间和计算方法的口径必须一致。同时，还必须考虑工作条件、技术条件、自然条件等因素。否则，就不能得出正确的结论。

（二）因素分析法

因素分析法或称连锁代替法、连环代替法，是对影响某项综合性指数的多种因素以及各因素的影响程度进行分析的一种方法。

应用因素分析法，一般是按照下面的顺序进行的：第一，找出影响某项综合指标的各种因素；第二，确定各个因素与指标之间的关系，是正方向变化关系，还是反方向变化关系；是加减关系，还是乘除关系等；第三，分别求出各因素对综合指标的影响程度及其所占差异的份额。

在行政事业单位的各种经济指标中，有些指标是综合性质的，如行政单位的公务费，它受办公费、邮电费、水电费等项目的影响；再如学校的助学金，它受学生人数、每人享受标准、在校月份等因素的影响；实行企业化管理的事业单位，利润受成本、价格、税金等的影响。我们要分析公务费、助学金、成本、利润等指标的完成情况，必须把这些指标分解为各个因素，然后分别对各个因素进行分析。如果这些因素又受其他因素影响，就应把它们再分解为更小的因素后再进行分析，确定每种因素对综合性指标的影响程度，从错综复杂、多种多样的因素中抓住主要矛盾，找出关键、本质的原因。然后，将各因素的影响程度综合起来，就可以准确、全面地反映某项综合性指标完成好坏的原因和责任。在影响某项综合性指标的各种因素中，有的是综合性指标变化成同一方向，有的同综合性指标变化成反方向，因而它们对综合指标的影响可以部分地相互抵消。由此可见，即使某项综合性指标达到和完成了计划，也不能说明这项指标就没有问题，只有把指标分解为各个因素进行具体分析，才能真实地反映综合指标的内部情况，才能对计划完成情况做出正确的评价。

参考文献

[1] 包一玉 . 浅析会计集中核算下的行政事业单位财务管理 [J]. 财会学习，2023（21）：34–36.

[2] 蔡亚兰 . 行政事业单位财务会计管理中存在的问题与改进策略分析 [J]. 纳税，2021，15（21）：67–68.

[3] 陈涛 . 行政事业单位财务管理创新路径探讨 [J]. 行政事业资产与财务，2023（11）：92–94.

[4] 顾蔚红 . 行政事业单位专项资金支出管理存在的问题与对策 [J]. 大众投资指南，2020（16）：92–93.

[5] 官媛媛 . 新财税体制下如何强化行政事业单位财务管理探讨 [J]. 中国乡镇企业会计，2023（07）：37–39.

[6] 晋甄鸿 . 论行政事业单位财政支出管理中绩效评价的应用路径 [J]. 财经界，2020(27)：8+11.

[7] 马永义 . 政府会计制度中"平行记账"的原理与实务探析 [J]. 会计之友，2018(3):11–15.

[8] 李国柱，曹文莉 . 行政事业性国有资产管理解析与案例 [M]. 北京：中国财政经济出版社，2022.

[9] 李颖思 . 行政事业单位财务会计和预算会计核算模式创新 [J]. 今日财富（中国知识产权），2023（04）：89–91.

[10] 梁珊珊 . 广东省 H 区行政事业单位资产与预算结合管理问题研究 [D]. 长春：吉林大学，2019.

[11] 林冰金 . "互联网 +"背景下行政事业单位财务会计创新分析 [J]. 质量与市场, 2022（19）: 145–147.

[12] 路一明 . 数字经济驱动下行政事业单位财务会计管理创新影响研究 [J]. 质量与市场, 2022（01）: 4–6.

[13] 钱灵慧 . 行政事业单位财务分析探讨 [J]. 中国乡镇企业会计, 2019（10）: 110–111.

[14] 邵泽华 . 行政事业单位财务管理浅议 [J]. 合作经济与科技, 2023（16）: 135–137.

[15] 孙亚楠 . 旗县行政事业单位预算绩效评价研究 [D]. 大庆: 黑龙江八一农垦大学, 2021.

[16] 田华 . 行政事业国有资产管理基础理论与实践研究 [M]. 长春: 吉林人民出版社, 2021.

[17] 王静 . 行政事业单位财务会计中的信息化应用 [J]. 河北企业, 2023（05）: 113–115.

[18] 吴淑辉 . 浅谈行政事业单位非税收入问题及管理创新 [J]. 财会学习, 2020（01）: 170–171.

[19] 邢宁, 段枫 . 政府会计制度改革问题研究 [J]. 中国农业会计, 2023, 33（05）: 35–37.

[20] 姚道远 . 南京市 A 区行政事业单位全面预算管理问题研究 [D]. 镇江: 江苏科技大学, 2020.

[21] 余坤 . 浅析行政事业单位财务分析 [J]. 现代经济信息, 2016（21）: 253.

[22] 张乐 . 基于互联网行政事业单位财务会计的创新措施 [J]. 今日财富, 2022（16）: 109–111.

[23] 张连庆 . 新财政体制下行政事业单位财务管理改革探索 [J]. 中国农业会计, 2023, 33（12）: 39–41.

[24] 张荣兰 . 资产管理在事业单位经济管理中的作用 [M]. 北京: 中国原子能出版社, 2020.

[25] 张玮峰 . 新形势下行政事业单位公务经费支出管理探讨 [J]. 财经界, 2020（19）: 100–101.

[26] 张艳丽 . 浅析行政事业单位非税收入收缴管理的现状与对策 [J]. 质量与市场, 2021（04）: 114–116.

[27] 张铁飞 . 行政事业单位预算管理及其绩效评价研究 [D]. 福州: 福州大学, 2018.

[28] 朱科亮 . 探讨行政事业单位财务会计内部控制 [J]. 财会学习, 2023（10）: 170–172.

[29] 李桂荣 . 行政事业单位财务风险分析及防范建议 [J]. 行政事业资产与财务, 2017（09）: 68+67.